LA GUÍA ROSE DEL LIBRO DE LOS HECHOS

La guía Rose del libro de los Hechos

Publicado por Rose Publishing Español
Un sello editorial de Tyndale House Ministries
Carol Stream, Illinois, EE. UU.
rose-publishing.com

ISBN 978-1-4964-8376-8

Originalmente publicado en inglés en el 2021 como *Rose Guide to the Book of Acts* por Rose Publishing con ISBN 978-164938-020-3.

Autores colaboradores: Len Woods (capítulos 1 y 6); Cyndi Parker (capítulo 3); Carl Simmons y Jessica Curiel (capítulo 4); Sarah Welch (capítulo 5).

Traducción al español: Mayra Urízar de Ramírez
Edición en español: José Ismael Ramírez Perez

El capítulo 3 se ha adaptado en parte de «The Threefold Expansion of the Early Church: Jerusalem, Judea, and Samaria» (La expansión triple de la iglesia en el primer siglo: Jerusalén, Judea y Samaria) por Cyndi Parker in *Lexham Geographic Commentary: Acts Through Revelation* (Comentario geográfico Lexham: De Hechos al Apocalipsis). Editado por Barry Beizel y Kristopher Lyle. (Lexham Press, 2018, 2019). Usado con permiso.

Impreso en China
Printed in China
September 2024, 1st printing

CONTENIDO

CAPÍTULO 1

La historia del libro de los Hechos

Los discípulos de Jesús experimentaban un torbellino de emociones y pensamientos. Primero, fueron la esperanza y la expectativa que la vida y el ministerio de Jesús suscitaron en ellos. Luego, aunque parecía que todo había resultado muy mal con su horrible muerte, ocurrió un sorpresivo cambio definitivo con su resurrección. Con todo, la nueva alegría de los discípulos duró solo unas cuantas semanas, ya que vieron a su Señor ascender al cielo y dejarlos atrás. Sin embargo, el Señor les había prometido al Espíritu Santo, alguien que vendría con poder y los guiaría «a toda la verdad» (Juan 16:13).

Ese pequeño y confundido grupo de discípulos se reunió en un lugar de Jerusalén para orar y buscar la guía del Señor. Cuando el Espíritu Santo se apoderó del lugar con un sonido como el de una tormenta de viento rugiente y con lo que parecían lenguas de fuego, la historia cambió para siempre. El Espíritu puso a Jerusalén en llamas, y la Buena Noticia de Jesucristo se expandió como un incendio forestal.

Así comienza la historia de la iglesia en el libro de los Hechos. Ese libro del Nuevo Testamento, conocido tradicionalmente como *Hechos de los Apóstoles*, registra la historia de los primeros cristianos que llevaron adelante la misión transformadora que Jesús les había encomendado.

LA HISTORIA DE HECHOS DE UN VISTAZO

El Espíritu Santo en Pentecostés (Hechos 1–3)

El primer acontecimiento que se registra en el libro de los Hechos es la ascensión de Cristo al cielo. Antes de partir, les dijo a sus discípulos más cercanos lo que les sucedería:

> Recibirán poder cuando el Espíritu Santo descienda sobre ustedes; y serán mis testigos, y le hablarán a la gente acerca de mí en todas partes: en Jerusalén, por toda Judea, en Samaria y hasta los lugares más lejanos de la tierra.
>
> HECHOS 1:8

En este singular versículo de la Biblia, encontramos el argumento básico de Hechos. ¿Quién recibirá ese poder? «Ustedes», todos aquellos que son discípulos de Jesús. ¿Para qué son empoderados? «Serán mis testigos»: testificarán acerca de todo lo que experimentaron con Jesús y compartirán el evangelio del perdón y el amor de Dios. ¿Cuándo sucederá eso? «Cuando el Espíritu Santo descienda». ¿Dónde sucederá eso? Primero, serán testigos «en Jerusalén», luego, «por toda Judea» y «en Samaria», y no se detendrán hasta llegar a «los lugares más lejanos de la tierra».

Como se les había instruido, los discípulos pusieron manos a la obra. A saber, se pusieron a orar y esperar en Jerusalén, pero no tuvieron que esperar mucho. En tanto que judíos y conversos al judaísmo de todas partes del mundo se reunían en Jerusalén para el Festival de Pentecostés, ¡el Espíritu Santo de Dios llegó sobre los seguidores de Jesús como un huracán!

> De repente, se oyó un ruido desde el cielo parecido al estruendo de un viento fuerte e impetuoso que llenó la casa donde estaban sentados. Luego, algo parecido a unas llamas o lenguas de fuego aparecieron y se posaron sobre cada uno de ellos. Y todos los presentes fueron llenos del Espíritu Santo y comenzaron a hablar en otros idiomas, conforme el Espíritu Santo les daba esa capacidad.
>
> HECHOS 2:2-4

Pentecostés por Duccio di Buoninsegna (c. 1308)

¡Los creyentes fueron empoderados para compartir la verdad de Dios con todos esos visitantes extranjeros en idiomas que ellos mismos nunca habían aprendido! El apóstol Pedro aprovechó el momento y dio un breve sermón a la multitud acerca de la muerte y resurrección de Cristo. Como resultado, tres mil personas se arrepintieron de sus pecados, pusieron su fe en Jesús y se bautizaron.

Esa nueva comunidad espiritual, llamada iglesia, se dedicó intensamente a las enseñanzas de los apóstoles. Comían juntos y se ayudaban los unos a los otros en lo económico. Compartían una fe, una vida y una misión comunes. Adoraban de todo corazón, oraban con fervor y veían a Dios hacer milagros por medio de los apóstoles. De modo que toda la ciudad de Jerusalén estaba asombrada. Cada vez más judíos creían en Jesús como el Mesías.

En esa ocasión, había judíos devotos de todas las naciones, que vivían en Jerusalén. [...] **Partos**, **medos**, **elamitas**, gente de **Mesopotamia**, **Judea**, **Capadocia**, **Ponto**, de la provincia de **Asia**, de **Frigia**, **Panfilia**, **Egipto** y de las áreas de **Libia** alrededor de Cirene, visitantes de **Roma** (tanto judíos como convertidos al judaísmo), **cretenses** y **árabes** [decían]: «¡Y todos oímos a esta gente hablar en nuestro propio idioma acerca de las cosas maravillosas que Dios ha hecho!».

HECHOS 2:5, 9-11

La persecución y la iglesia (Hechos 4–9)

No era de sorprender que ese novedoso movimiento, el cual crecía con gran rapidez, pronto se encontrara frente a una reacción violenta. A Pedro y Juan los arrestaron y llevaron ante el Concilio Supremo, el mismo grupo que apenas unas semanas antes había condenado a muerte a Jesús (Mateo 26:59-68). ¡Lleno del Espíritu Santo, Pedro no tuvo miedo! Pedro les predicó el evangelio con valentía, y declaró que, aparte de Jesús, «en ningún otro hay salvación» (Hechos 4:12). Insistió en que él y los apóstoles nunca dejarían de compartir esa verdad. Fue tal como Jesús les había dicho:

> Cuando sean sometidos a juicio en las sinagogas y delante de gobernantes y autoridades, no se preocupen por cómo defenderse o qué decir, porque el Espíritu Santo les enseñará en ese momento lo que hay que decir.
>
> LUCAS 12:11-12

Después de que los habían amenazado y liberado, Pedro y Juan intensificaron sus esfuerzos para compartir la Buena Noticia, y la iglesia continuó creciendo. Cuanto más la reprimían los líderes judíos, más hablaba la iglesia. Nada podía disuadir a los seguidores de Cristo, ni las amenazas, ni los azotes, ni siquiera la muerte. A un líder de la iglesia, Esteban, lo arrastraron afuera de Jerusalén y lo lapidaron hasta la muerte por testificar acerca de Jesús. La muerte de Esteban desató una ola de persecución violenta contra la iglesia.

Fresco de *La lapidación de San Esteban* en San Cirilo y San Metodio, Praga

Los creyentes en Jesús huyeron de Jerusalén en masa, pero, irónicamente, eso solo significaba que el evangelio avanzaba. La oposición en Jerusalén los envió a Judea y a Samaria, tal como Jesús había dicho que sucedería (Hechos 1:8). Felipe predicó el evangelio en Samaria y luego a un funcionario etíope, hacia quien el Señor lo dirigió por un camino de Judea.

Aquel hombre confió en Jesús y Felipe lo bautizó de inmediato. El camino por el que viajaba el funcionario conducía a Gaza, una ciudad portuaria desde donde supuestamente viajaría a África. La gran comisión que Jesús les había dado a sus seguidores, «hagan discípulos de todas las naciones», apenas comenzaba (Mateo 28:19).

Uno de los principales artífices de la campaña de persecución contra la iglesia fue un joven llamado Saulo (también llamado Pablo). Después de que Esteban sufrió el martirio en Jerusalén (Saulo había estado allí para eso; Hechos 7:58; 8:1), Saulo puso su mirada en Damasco, una ciudad al noreste de Jerusalén. Se dirigía a Damasco para arrestar a los creyentes en Jesús que habían huido de la persecución en Jerusalén, cuando una gran luz brilló desde el cielo, él cayó al suelo, y el Señor resucitado le reveló la verdad: «Yo soy Jesús, ¡a quien tú persigues!» (Hechos 9:5). Habiendo quedado ciego físicamente por la experiencia, Saulo llegó a Damasco, donde el Señor le indicó a un hombre llamado Ananías que fuera a verlo y le devolviera la vista. Después de que Jesús lo había confrontado y que luego lo había transformado, Saulo se unió al mismo movimiento que había tratado de abolir.

La misión de Pedro (Hechos 10–12)

Mientras tanto, Dios usó al apóstol Pedro para abrirles la puerta de la salvación, y de la iglesia, a quienes no pertenecían a la comunidad judía. Incluso algunos en la iglesia, como Pedro, no entendían por completo que el poder del evangelio era para todas las personas, sin importar quiénes fueran en la sociedad o de dónde vinieran. Así que Dios envió a Pedro a la casa de Cornelio, un centurión romano y gentil. Allí, Pedro vio que el Espíritu Santo llenó a los creyentes gentiles, por lo que se convenció:

> Veo con claridad que Dios no muestra favoritismo. En cada nación, él acepta a los que le temen y hacen lo correcto.
>
> HECHOS 10:34-35

Pronto surgió una creciente y próspera comunidad de creyentes gentiles en Antioquía de Siria (Hechos 11:19-30). De hecho, fue en esa ciudad donde los seguidores de Jesús fueron llamados cristianos por primera vez, y fue desde allí que Saulo (Pablo) comenzó a lanzar esfuerzos misioneros para alcanzar al mundo con el evangelio.

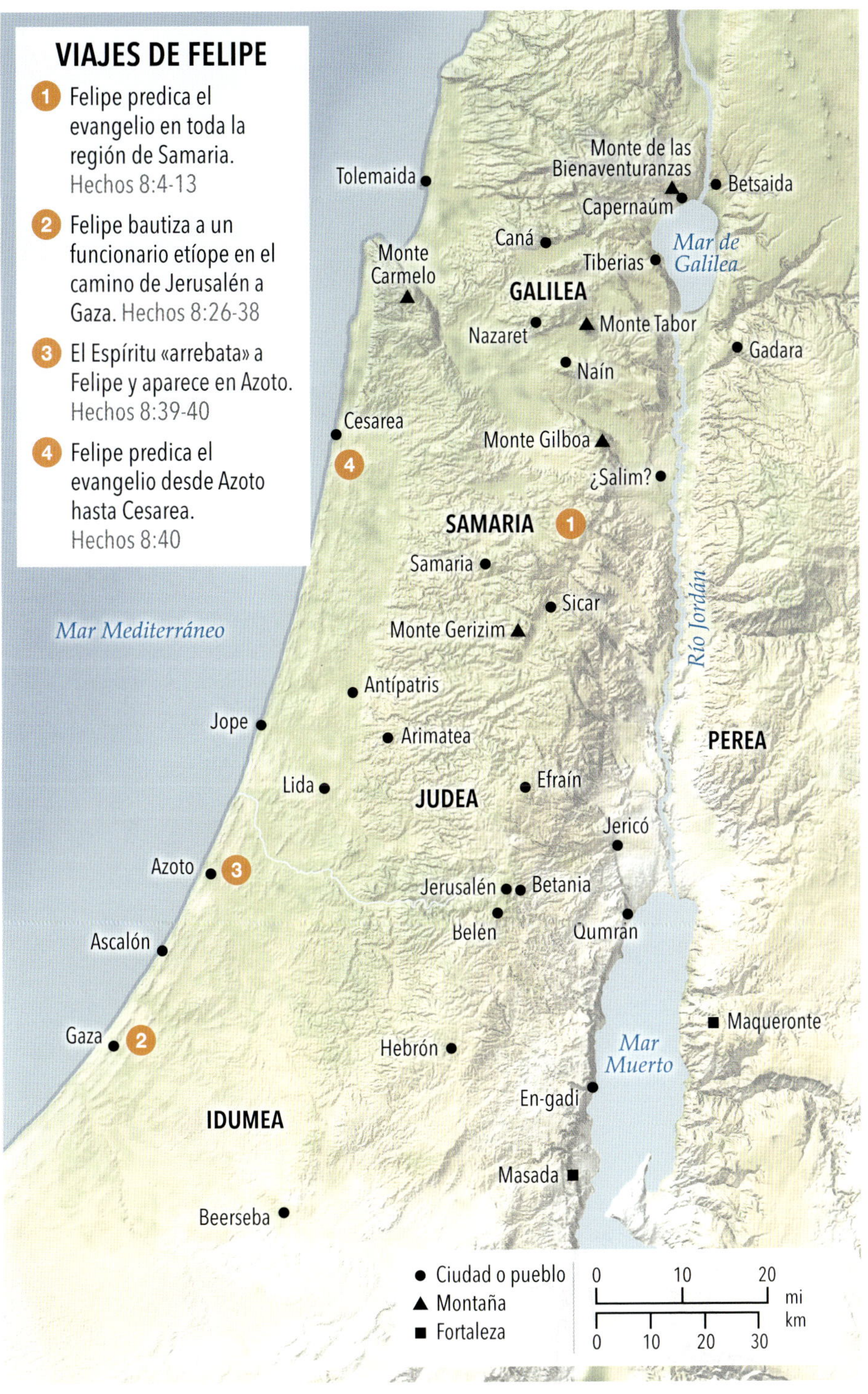
VIAJES DE FELIPE
1 Felipe predica el evangelio en toda la región de Samaria. Hechos 8:4-13
2 Felipe bautiza a un funcionario etíope en el camino de Jerusalén a Gaza. Hechos 8:26-38
3 El Espíritu «arrebata» a Felipe y aparece en Azoto. Hechos 8:39-40
4 Felipe predica el evangelio desde Azoto hasta Cesarea. Hechos 8:40
Tolemaida
Monte de las Bienaventuranzas
Betsaida
Capernaúm
Caná
Mar de Galilea
Monte Carmelo
Tiberias
GALILEA
Nazaret
Monte Tabor
Gadara
Naín
Cesarea
Monte Gilboa
¿Salim?
SAMARIA
Samaria
Sicar
Mar Mediterráneo
Monte Gerizim
Río Jordán
Antípatris
Jope
Arimatea
PEREA
Lida
JUDEA
Efraín
Jericó
Azoto
Jerusalén
Betania
Belén
Qumrán
Ascalón
Maqueronte
Gaza
Hebrón
Mar Muerto
En-gadi
IDUMEA
Masada
Beerseba
Ciudad o pueblo
Montaña
Fortaleza
0 10 20 mi
0 10 20 30 km

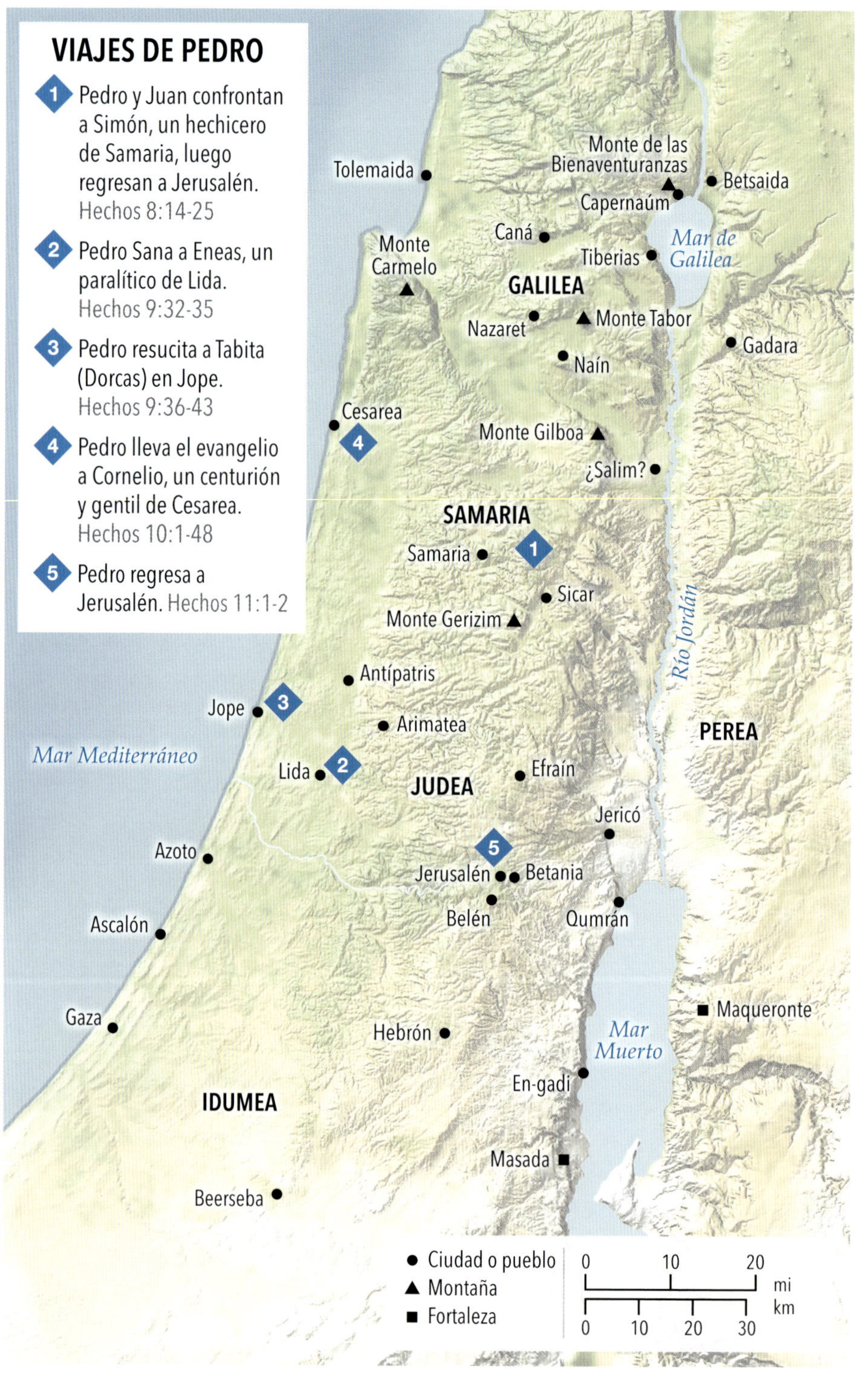
VIAJES DE PEDRO
1 Pedro y Juan confrontan a Simón, un hechicero de Samaria, luego regresan a Jerusalén. Hechos 8:14-25
2 Pedro Sana a Eneas, un paralítico de Lida. Hechos 9:32-35
3 Pedro resucita a Tabita (Dorcas) en Jope. Hechos 9:36-43
4 Pedro lleva el evangelio a Cornelio, un centurión y gentil de Cesarea. Hechos 10:1-48
5 Pedro regresa a Jerusalén. Hechos 11:1-2
Tolemaida
Monte de las Bienaventuranzas
Betsaida
Capernaúm
Mar de Galilea
Caná
Monte Carmelo
Tiberias
GALILEA
Nazaret
Monte Tabor
Gadara
Naín
Cesarea
Monte Gilboa
¿Salim?
SAMARIA
Samaria
Sicar
Monte Gerizim
Río Jordán
Antípatris
Jope
Arimatea
PEREA
Mar Mediterráneo
Lida
JUDEA
Efraín
Jericó
Azoto
Jerusalén
Betania
Belén
Qumrán
Ascalón
Maqueronte
Gaza
Hebrón
Mar Muerto
En-gadi
IDUMEA
Masada
Beerseba
Ciudad o pueblo
Montaña
Fortaleza
0 10 20 mi
0 10 20 30 km

La misión de Pablo (Hechos 13–28)

Aproximadamente la mitad de los capítulos de Hechos se enfocan en los viajes de Pablo. Para su primera proyección misionera, Pablo se asoció con Bernabé y, por un corto tiempo, con Juan Marcos. Bajo la dirección del Espíritu Santo, llevaron el evangelio a la isla de Chipre y luego a ciudades de la región centro-sur de Asia Menor (actual Turquía). Por todos los lugares a los que Pablo llegaba, parecía que surgía una revuelta o un avivamiento, ¡a veces ambos! Por lo general, visitaba primero las sinagogas locales, donde casi siempre encontraba oposición. Luego, compartía la verdad de Dios con los gentiles, quienes a menudo se mostraban más receptivos.

Entre su primer y segundo viaje misionero, Pablo visitó Jerusalén, ya que en ese momento era la sede principal de la iglesia cristiana. Allí, los líderes eclesiásticos como Santiago, Juan, Pedro y otros se enfrentaron a la disyuntiva de cómo incorporar a los gentiles a una iglesia cuya población mayoritariamente era judía. En lo que llegó a conocerse como el concilio de Jerusalén, llegaron a la conclusión de que quienes no eran judíos formaban parte de la iglesia tanto como los judíos, por lo que no se les exigiría que siguieran las leyes religiosas judías.

Silas acompañó a Pablo en su segundo viaje misionero y, más adelante, se les unieron Timoteo, Lucas y un equipo de esposo y esposa, formado por Priscila y Aquila. Pablo se dirigió hacia el norte y luego hacia el occidente, a través de Asia Menor y Grecia. Ese equipo apostólico fortalecía a los creyentes y establecía iglesias adondequiera que iba. Fue en ese viaje que Pablo les explicó el evangelio a los filósofos de Atenas.

En su tercer viaje, Pablo volvió sobre sus pasos, al visitar una vez más las ciudades que había evangelizado anteriormente y las congregaciones de la iglesia que había ayudado a fundar. Durante una escala de dos años en Éfeso, Dios llevó a cabo obras extraordinarias por medio de Pablo, y muchas personas de toda la región llegaron a la fe.

Más adelante, cuando Pablo estaba de visita en Jerusalén, lo acusaron falsamente de profanar el templo, lo arrestaron y lo enviaron a la cárcel. Permaneció dos años en prisión, a la espera de un juicio. Compartió su fe con varios funcionarios de alto rango mientras esperaba encadenado. Embarcaron finalmente a Pablo con destino a Roma para que apelara su caso ante César. Ese viaje lo llevaría al destino más lejos que jamás había llegado: Roma, el epicentro del mundo grecorromano, lejos de donde la iglesia había comenzado en Jerusalén, Judea y Samaria (Hechos 1:8).

A su llegada a Roma, a Pablo lo pusieron bajo arresto domiciliario, a la espera de otro juicio. Allí termina la narración de Hechos, cuando Pablo aprovechó la difícil situación en la que se encontraba como una oportunidad para contarles a otros acerca de la salvación en Jesús:

> Durante los dos años siguientes Pablo vivió en Roma pagando sus gastos él mismo. Recibía a todos los que lo visitaban, y proclamaba con valentía el reino de Dios y enseñaba acerca del Señor Jesucristo; y nadie intentó detenerlo.

HECHOS 28:30-31

Roma

10 VERSÍCULOS CLAVE DE LA BIBLIA EN HECHOS

1. Pero recibirán poder cuando el Espíritu Santo descienda sobre ustedes; y serán mis testigos, y le hablarán a la gente acerca de mí en todas partes: en Jerusalén, por toda Judea, en Samaria y hasta los lugares más lejanos de la tierra. —HECHOS 1:8

2. Pedro contestó: «Cada uno de ustedes debe arrepentirse de sus pecados y volver a Dios, y ser bautizado en el nombre de Jesucristo para el perdón de sus pecados. Entonces recibirán el regalo del Espíritu Santo». —Hechos 2:38

3. Todos los creyentes se dedicaban a las enseñanzas de los apóstoles, a la comunión fraternal, a participar juntos en las comidas (entre ellas la Cena del Señor), y a la oración. —HECHOS 2:42

4. ¡En ningún otro hay salvación! Dios no ha dado ningún otro nombre bajo el cielo, mediante el cual podamos ser salvos. —HECHOS 4:12

5. Pero Pedro y los apóstoles respondieron: «Nosotros tenemos que obedecer a Dios antes que a cualquier autoridad humana». —HECHOS 5:29

6. Entonces Pedro respondió: «Veo con claridad que Dios no muestra favoritismo. En cada nación, él acepta a los que le temen y hacen lo correcto». —HECHOS 10:34–35

7. Ellos le contestaron: «Cree en el Señor Jesús y serás salvo, junto con todos los de tu casa». —HECHOS 16:31

8. Los de Berea tenían una mentalidad más abierta que los de Tesalónica y escucharon con entusiasmo el mensaje de Pablo. Día tras día examinaban las Escrituras para ver si Pablo y Silas enseñaban la verdad. —HECHOS 17:11

9. Entonces cuídense a sí mismos y cuiden al pueblo de Dios. Alimenten y pastoreen al rebaño de Dios —su iglesia, comprada con su propia sangre— sobre quien el Espíritu Santo los ha designado líderes. —HECHOS 20:28

10. ¿Qué esperas? Levántate y bautízate. Queda limpio de tus pecados al invocar el nombre del Señor. —HECHOS 22:16

EL LIBRO DE LOS HECHOS EN LA HISTORIA BÍBLICA

Cuando Adán y Eva se rebelaron en el jardín de Edén, Dios comenzó una misión de rescate. Quería restaurar a su mundo caído y a sus criaturas para que pudieran cumplir las intenciones originales que él tenía para ellos: que lo disfrutaran y lo alabaran a él para siempre. A lo largo de la historia, Dios ha ido moldeando los acontecimientos históricos para llevar a cabo sus planes de renovación.

Si bien Dios es la fuerza, la mente y la voluntad que está detrás de la misión, ha elegido a seres humanos para que trabajen junto con él.

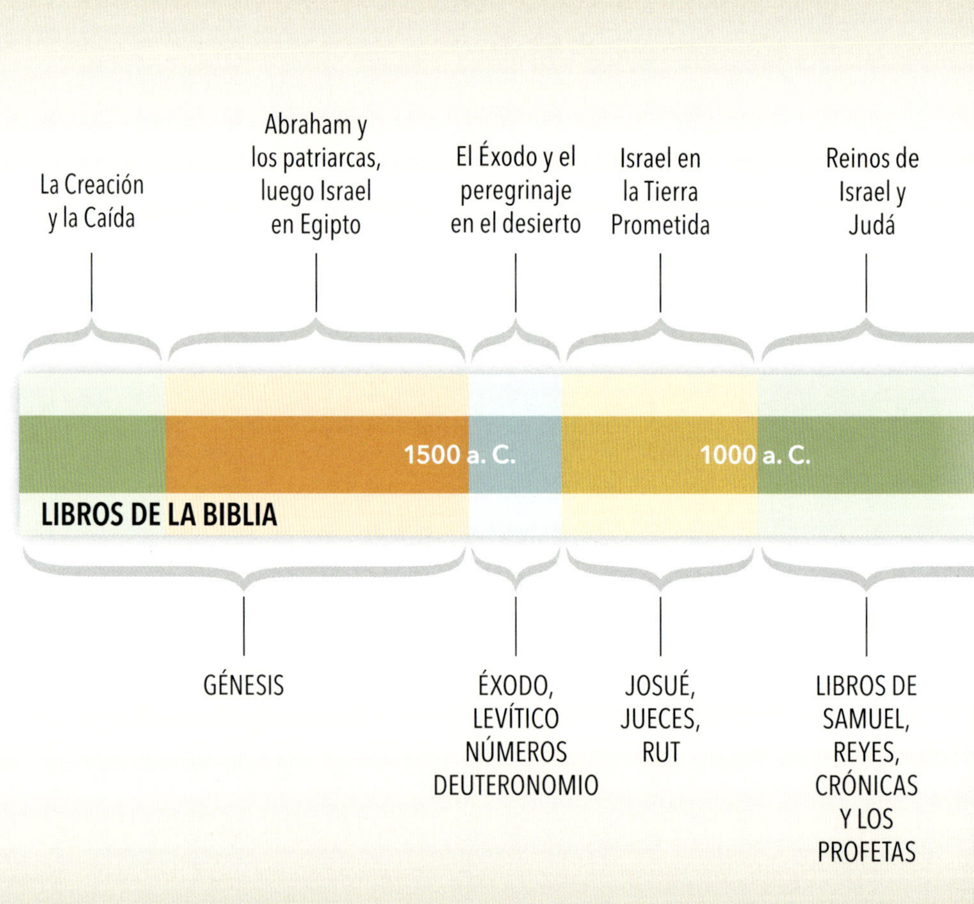

Las historias del libro de los Hechos revelan cómo Dios lleva adelante su misión. Eso se capta en el final del Evangelio de Lucas, cuando se comisiona a los apóstoles para ser parte de esa misión: «Ustedes son testigos de todas estas cosas» (Lucas 24:48). Empoderados por el Espíritu Santo, los discípulos de Jesús se convirtieron en una extensión de los planes de Dios para llegar a todo el mundo: «testigos [...] hasta los lugares más lejanos de la tierra» (Hechos 1:8). La historia de la iglesia se convierte en la historia del cumplimiento de la misión de Dios de hacer nuevas todas las cosas.

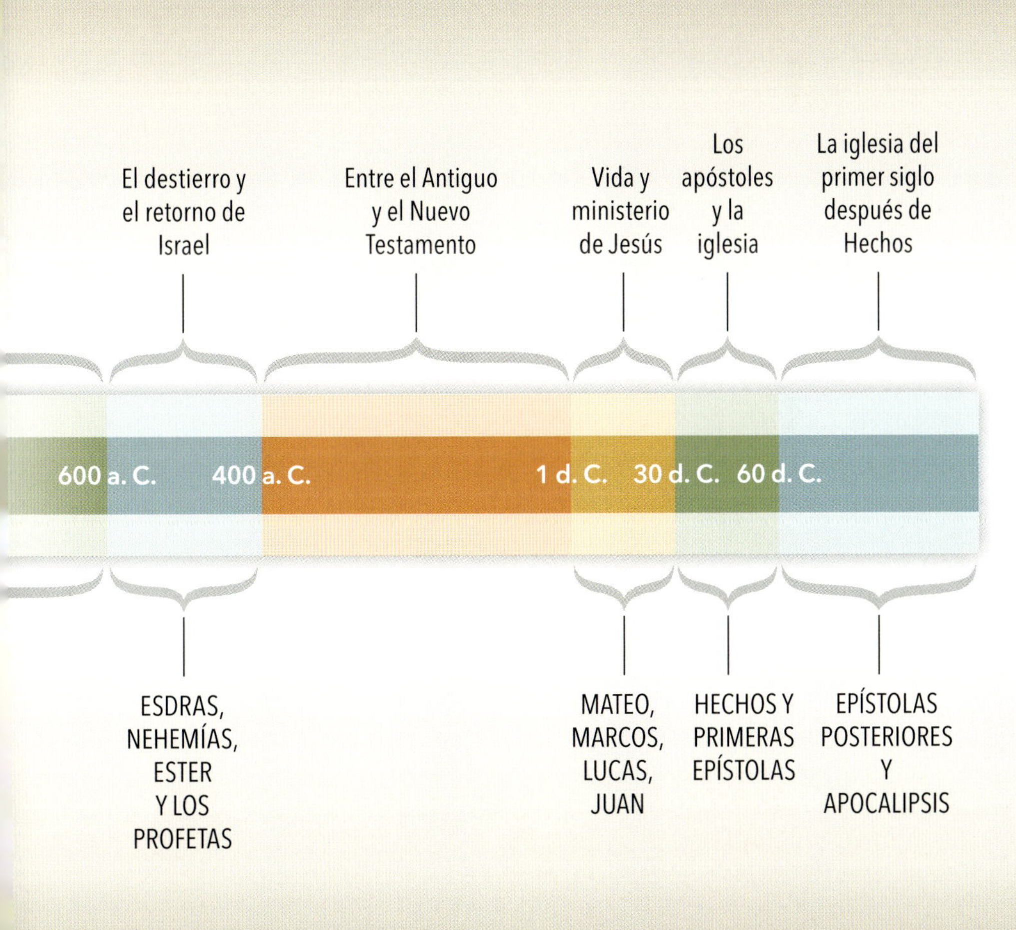

LÍNEA DE TIEMPO DEL LIBRO DE LOS HECHOS

- **CÉSAR AUGUSTO** gobierna el Imperio romano. 27 a. C.–14 d. C.
- **JESUCRISTO** nace en Belén. C. 4 a. C.*
- **HERODES EL GRANDE** muere. 4 a. C.
- **HERODES ANTIPAS** gobierna Galilea y Perea. 4 a. C.–39 d. C.
- **PABLO (SAULO)** nace. C. 5 d. C.

30 a. C. | 1 d. C. | 10 d. C.

CLAVE

C. **C. FECHA APROXIMADA** (circa)

LIBRO DE LA BIBLIA
(Los rangos de fecha indican un marco de tiempo en el que se cree que se escribió el libro).

ACONTECIMIENTO DEL LIBRO DE LOS HECHOS
(La omisión de una fecha significa que se desconoce).

* Los eruditos bíblicos fechan el nacimiento de Cristo entre los años 6 y 4 a. C. Esta línea de tiempo se adhiere a la fecha del año 4 a. C.

- **PONCIO PILATO** gobierna Judea. 26–36 d. C.
- **BAUTISMO:** Juan el Bautista bautiza a Jesús. C. 27 d. C.
- **MINISTERIO:** Jesús forma su grupo de discípulos, enseña, sana, hace milagros y resucita muertos. C. 27–30 d. C.
- **HERODES ANTIPAS** encarcela y ejecuta a Juan el Bautista.
- **MUERTE Y RESURRECCIÓN:** Crucifican a Jesús y él resucita de los muertos. C. 30 d. C.
- **ASCENCIÓN:** Jesús asciende al cielo. C. 30 d. C. Hechos 1:6-9
- A **MATÍAS** lo eligen como apóstol para reemplazar a Judas Iscariote. C. 30 d. C. Hechos 1:15-26

20 d. C. — 30 d. C. — 35 d. C.

- **EL EMPERADOR TIBERIO** gobierna el Imperio romano. 17–37 d. C.
- **PENTECOSTÉS:** El Espíritu Santo llena a los creyentes. C. 30 d. C. Hechos 2:1-41
- **LA IGLESIA DE JERUSALÉN** se establece. C. 30–32 d. C. Hechos 2:42-47
- **PEDRO Y JUAN** realizan milagros y enfrentan persecución. C. 30 d. C. Hechos 3:1–5:21
- **ESTEBAN** sufre el martirio en Jerusalén. C. 32 d. C. Hechos 7:54-60
- **LA PERSECUCIÓN** obliga a los creyentes a dispersarse fuera de Jerusalén. Hechos 8:4
- **FELIPE** predica en Samaria. Hechos 8:5-25
- **FELIPE** bautiza a un funcionario etíope. Hechos 8:26-39

- **CONVERSIÓN:** Pablo se encuentra con Cristo en el camino a Damasco. C. 37 d. C. Hechos 9:1-19
- **HERODES AGRIPA** gobierna Galilea, Perea y Judea. 37–44 d. C.
- **PABLO** viaja a Arabia. Gálatas 1:17
- **PABLO** viaja a Damasco, Jerusalén, Cesarea y, finalmente, a Tarso. Hechos 9:26-30.
- **CALÍGULA** gobierna el Imperio romano. 37–41 d. C.
- **HERODES ANTIPAS** sufre el destierro, donde más adelante muere. 39 d. C.

35 d. C. — 40 d. C.

- **PEDRO** lleva el evangelio a Cornelio. C. 40 d. C. Hechos 10:1-48
- **CLAUDIO** asesina a Calígula para convertirse en emperador. 41 d. C.
- **CLAUDIO** gobierna el Imperio romano. 41–54 d. C.
- **BERNABÉ** lleva a Pablo a la iglesia de Antioquía de Siria. Hechos 11:25-26
- **LOS CREYENTES** en Jesucristo son llamados cristianos por primera vez en Antioquía de Sira. Hechos 11:26

HAMBRUNA SEVERA en Judea. 44–48 d. C.

PABLO Y BERNABÉ entregan fondos a los creyentes de Jerusalén que enfrentan una hambruna. Hechos 11:27-30

EL APÓSTOL SANTIAGO (hermano de Juan) sufre el martirio en Jerusalén por órdenes de Herodes Agripa. 44 d. C. Hechos 12:2

A **PEDRO** lo encarcelan por órdenes de Herodes Agripa, pero escapa milagrosamente. 44 d. C. Hechos 12:3-19

HERODES AGRIPA muere. 44 d. C. Hechos 12:20-23

PRIMER VIAJE MISIONERO DE PABLO: Con la compañía de Bernabé y Juan Marcos; viaja hasta Chipre y Pisidia. C. 47–49 d. C. Hechos 13:1–14:28

EN LISTRA, la gente trata de adorar a Pablo y a Bernabé como dioses. Más adelante, apedrean a Pablo casi hasta matarlo. Hechos 14:8-20

45 d. C. — 50 d. C.

GÁLATAS: Pablo escribe a las iglesias de Galacia. C. 49 d. C.

EL CONCILIO DE JERUSALÉN concluye que a los cristianos gentiles no se les requiera obedecer las leyes religiosas judías. C. 49 d. C. Hechos 15:1-35

HERODES AGRIPA II gobierna territorios en Siria, Galilea y Perea. 49–92 d. C.

CLAUDIO expulsa a los judíos de Roma. 49 d. C.

SEGUNDO VIAJE MISIONERO DE PABLO: Con la compañía de Silas, Timoteo, Lucas, Priscila y Aquila; viaja hasta Macedonia y Grecia. C. 49–51 d. C. Hechos 15:36–18:22

BERNABÉ Y JUAN MARCOS ministran en Chipre. Hechos 15:39

EVANGELIO DE MARCOS: Juan Marcos escribe su Evangelio. C. años 50 d. C.

LIDIA se convierte en cristiana en Filipos. Hechos 16:12-15

1 Y 2 CORINTIOS: Pablo escribe a los creyentes de Corinto. C. 55–57 d. C.

SERMÓN EN EL AREÓPAGO: Pablo comparte el evangelio con filósofos de Atenas. Hechos 17:16-34

PABLO CONOCE A TIMOTEO en Listra. Hechos 16:1-3

1 Y 2 TESALONICENSES: Pablo escribe cartas a la iglesia de Tesalónica. C. 50–52 d. C.

PABLO conoce a Priscila y Aquila, fabricantes de carpas como él, en Corinto. C. 51 d. C. Hechos 18:1-13

PABLO comparece ante Galio, gobernador de Acaya, en Corinto. C. 51 d. C. Hechos 18:12-17

50 d. C. — 55 d. C.

FÉLIX llega a ser el gobernador (procurador) romano de Judea. 52 d. C.

TERCER VIAJE MISIONERO DE PABLO: Con la compañía de Timoteo y Lucas; viaja hasta Macedonia y Grecia. C. 52–57 d. C. Hechos 18:23–21:26

APOLOS ministra en Acaya. Hechos 18:27-28

ÉFESO: Pablo pasa dos años en Éfeso. Hechos 19:8-10

CLAUDIO muere envenenado por su esposa. 54 d. C.

NERÓN llega a ser emperador a la edad de dieciséis años. 54 d. C.

NERÓN gobierna el Imperio romano. 54–68 d. C.

FESTO LLEGA a ser gobernador (procurador) de Judea. 59 d. C.

PABLO comparece ante Festo, Herodes Agripa II y Berenice. C. 59 d. C. Hechos 25:13–26:32

PABLO apela su caso al César, por lo que lo envían a Roma. C. 59 d. C. Hechos 27:1

VIAJE DE PABLO A ROMA C. 59–60 d. C. Hechos 27:1–28:16

MALTA: Pablo naufraga cuando se dirigía a Roma. C. 59 d. C. Hechos 27:27–28:11

ROMANOS: Pablo escribe su epístola más teológica, la carta para la iglesia de Roma. C. 57 d. C.

ROMA: Pablo pasa dos años bajo arresto domiciliario en Roma. 60–62 d. C. Hechos 28:30-31

60 d. C.

PABLO llega a Jerusalén, donde lo arrestan. C. 57 d. C. Hechos 21:30-33

PABLO comparece ante el Concilio Supremo, luego ante Félix y Drusila. C. 57 d. C. Hechos 22:30–23:10

PABLO pasa dos años en la cárcel a la espera del juicio. C. 57–59 d. C. Hechos 24:24-26

EVANGELIO DE LUCAS Y HECHOS: Lucas escribe su Evangelio y el libro de los Hechos. C. 60–62 d. C.

EVANGELIO DE MATEO: Mateo escribe su Evangelio. C. años 60 d. C.

EFESIOS, FILIPENSES, COLOSENSES Y FILEMÓN: Mientras estaba en Roma, Pablo escribe a las iglesias. C. 60–62 d. C.

SANTIAGO, el hermano de Jesús, sufre el martirio. 62 d. C.

A **PABLO** lo liberan y viaja por todo el Mediterráneo. C. 62–64 d. C.

1 TIMOTEO: Pablo escribe su Primera Carta a Timoteo, el pastor de Éfeso. C. 62–66 d. C.

1 Y 2 PEDRO: Pedro escribe dos epístolas. C. 64–65 d. C.

TITO: Pablo le escribe a Tito, el pastor de Creta. C. 64–66 d. C.

NERÓN culpa a los cristianos de un enorme incendio en Roma y los persigue. 64–68 d. C.

PABLO va a la cárcel en Roma. C. 64 d. C.

2 TIMOTEO: Pablo escribe su última epístola. C. 66–67 d. C.

LA REVUELTA JUDÍA: Un levantamiento contra los romanos da inicio en Jerusalén. 66 d. C.

70 d. C.

PABLO Y PEDRO sufren el martirio en Roma. C. 66–68 d. C.

NERÓN se suicida después de que el Senado romano lo condena. 68 d. C.

VESPASIANO gobierna el Imperio romano. 69–79 d. C.

EL TEMPLO de Jerusalén sufre la destrucción por parte de los romanos. 70 d. C.

MASADA cae ante los romanos. 73 d. C.

- **TITO** gobierna el Imperio romano. 79–81 d. C.

- **DOMICIANO** gobierna el Imperio romano. 81–96 d. C.

- **1, 2 Y 3 JUAN Y APOCALIPSIS:** Juan escribe sus epístolas y el libro de Apocalipsis. 85–90 d. C.

- **JUAN,** después del destierro en Patmos, muere en Éfeso. 100 d. C.

80 d. C. | 90 d. C. | 100 d. C.

CAPÍTULO 2

El libro de los Hechos

Juntos, el Evangelio de Lucas y el libro de los Hechos forman una especie de «obra literaria en dos volúmenes» sobre la historia de Jesucristo y su iglesia. En Lucas, encontramos que Jesús de Nazaret actuaba por medio del poder del Espíritu Santo. Como el Mesías prometido, la vida, el ministerio y la muerte de Jesús en la cruz cumplen las promesas de Dios y dan la Buena Noticia a todas las personas de toda clase y condición. La narración de Hechos comienza donde termina el Evangelio de Lucas, con el Cristo resucitado. En el libro de los Hechos, el escritor bíblico continúa el relato acerca de la obra de Dios en la historia, y les cuenta a sus lectores cómo los primeros cristianos hicieron avanzar la misión que Jesús había puesto en marcha.

¿QUIÉN ESCRIBIÓ EL LIBRO DE LOS HECHOS?

Una tradición de la iglesia del primer siglo nombra a Lucas como el autor tanto del libro de los Hechos como del Evangelio que lleva su nombre. Determinar la autoría de un texto anónimo como Hechos puede ser muy difícil, pero hay suficiente evidencia interna entre los dos libros y las epístolas de Pablo para hacer de Lucas un candidato plausible. Por ejemplo, Hechos 28:16 sugiere que el autor del libro llegó a Roma con Pablo. De las epístolas de Pablo que se escribieron desde Roma, se puede sacar una lista de aquellos que estuvieron con él allí: Epafras, Epafrodito, Timoteo, Tíquico, Aristarco, Marcos, Demas, Jesús, al que llamaban Justo, y Lucas.

- Los dos primeros no arribaron con Pablo cuando él llegó a Roma.
- Los siguientes cuatro de la lista se pueden descartar porque el autor los menciona por su nombre en Hechos.
- Demas abandonó a Pablo más adelante, lo cual lo convierte en un candidato poco probable.
- No existe ninguna tradición eclesiástica a favor de la autoría de Jesús, al que llamaban Justo, como la hay para la de Lucas.
- Cierta terminología médica aparece tanto en el Evangelio de Lucas como en el libro de los Hechos, por su parte Pablo menciona a

un «Lucas» en Colosenses 4:14 que era médico, lo cual refuerza la conclusión de que Lucas es el autor de Hechos.

Un detalle interesante en Hechos es el uso apropiado de títulos específicos para varios funcionarios romanos. Eso no lo podría haber hecho con facilidad alguien que hubiera escrito muchos años después de los acontecimientos de Hechos, ya que los límites provinciales y los términos cambiaban con frecuencia. El uso de esos títulos sugiere que el autor fue un testigo ocular, alguien que tenía conocimiento de primera mano.

TÍTULO	EN HECHOS	DESCRIPCIÓN
Gobernador *antúpatos*	Se usa para Sergio Paulo de Chipre y Galión de Acaya (Hechos 13:7; 18:12).	Ese es el título usado para el gobernante de una provincia senatorial romana.
Funcionarios *strategói*	Se usa para las autoridades de Filipos, una colonia romana (Hechos 16:20, 22, 35, 37-38).	Aunque el término técnico romano para aquellos que estaban a cargo de una colonia era *duumviri*, Lucas usó un término local popular, con lo que muestra su familiaridad con el área.
Concejo de la ciudad *politarjes*	Se usa para los líderes de la ciudad de Tesalónica (Hechos 17:6, 8).	Se pensaba que ese extraño término era un error hasta que se descubrió una inscripción en la puerta de la ciudad que usaba la misma palabra.
Alcalde *grammatéus*	Se usa para un funcionario de Éfeso (Hechos 19:35).	Esta es la misma palabra que se usa en otros lugares para *escriba*. En Éfeso, significaba el registrador de la ciudad.
Gobernador *jeguemón*	Se usa para Félix y Festo (Hechos 23:24, 26, 33; 24:1, 10; 26:30).	Título para el gobernante de una provincia imperial o un gobernante con autoridad del emperador.
Funcionario Principal *protos*	Se usa para Publio, gobernador de la isla de Malta (Hechos 28:7).	Este término podría parecer un término genérico, pero las inscripciones que se han encontrado en la isla de Malta muestran que era el título específico que se utilizaba allí.

¿CUÁNDO SE ESCRIBIÓ HECHOS?

El libro de los Hechos termina al mencionar que Pablo permaneció bajo arresto domiciliario durante dos años en Roma, alrededor de los años 60–62 d. C. Las epístolas tardías de Pablo indican que, finalmente, se fue de Roma y viajó a otros lugares del Mediterráneo en los que compartió el evangelio. Ese final de Hechos, de aparente suspenso, cuando Pablo queda detenido en Roma, sugiere que el Evangelio de Lucas y luego Hechos se escribieron durante los años 60–62 d. C. o poco después. Algunos eruditos de la Biblia, sin embargo, sitúan la fecha de la redacción del libro de los Hechos mucho más tarde, en el primer siglo, por lo que la conclusión del libro en Roma sería entonces un desenlace literario natural, ya que Pablo y el evangelio habían llegado al epicentro del mundo romano.

¿PARA QUIÉN SE ESCRIBIÓ HECHOS?

Tanto el libro de Lucas como el de los Hechos se dirigen a una persona llamada Teófilo. Es llamado «muy honorable» (Lucas 1:3), una forma común de dirigirse a las personas importantes socialmente. Algunos eruditos bíblicos han sugerido que Teófilo era un noble romano, tal vez un miembro del gobierno. Otros piensan que pudo haber sido un converso cristiano que llegó a ser el mecenas de Lucas. En el primer siglo, los libros eran caros y pocas personas podían permitírselos. Era común que un mecenas adinerado financiara los libros y luego les diera acceso a otros para que los leyeran. Si Teófilo fue el mecenas de Lucas, entonces, es posible que haya financiado los escritos de Lucas, haya pagado por hacer copias de los libros y les haya dado acceso a ellos a las iglesias.

Hechos estaba destinado a un público diverso:

- En primer lugar, el libro se dirige a un individuo, Teófilo.
- En segundo lugar, es para otras personas como Teófilo, tal vez romanos que estaban intrigados por el cristianismo.
- En tercer lugar, es para todos los creyentes cristianos, judíos y gentiles por igual.

¿POR QUÉ SE ESCRIBIÓ HECHOS?

Hechos no es un libro de historia académica que se limita a registrar hechos de la iglesia del primer siglo. Más bien, Lucas presenta esa historia de manera selectiva para transmitir mensajes clave a los lectores. Lucas registra historias específicas de los primeros cristianos, con cuatro propósitos importantes.

1. El propósito de proclamación

El libro de los Hechos proclama la Buena Noticia de Jesús. En la narración de los acontecimientos y en los discursos de Hechos, encontramos una presentación básica de la Buena Noticia (el evangelio) que fue fundamental para la vida de la iglesia del primer siglo.

El evangelio en Hechos

- Las promesas de Dios a Israel se han cumplido ahora con la venida de Jesús, el Mesías (Hechos 2:30; 3:19, 24; 10:43; 26:6-7, 22).
- Dios ungió a Jesús como su Mesías durante su bautismo (Hechos 10:38).
- Jesús comenzó su ministerio en Galilea después de su bautismo (Hechos 10:37).
- Jesús, el Mesías, sufrió y murió en la cruz según el propio plan de Dios (Hechos 2:23; 3:13-15, 18; 4:11; 10:39; 26:23).

- Dios levantó a Jesús de entre los muertos, y Jesús se les apareció a sus discípulos (Hechos 2:24, 31-32; 3:15, 26; 10:40-41; 17:31; 26:23).
- Dios exaltó a Jesús y le dio el nombre de Señor (Hechos 2:25-29, 33-36; 3:13; 10:36).
- Dios envió al Espíritu Santo para crear una nueva comunidad, la iglesia (Hechos 1:8; 2:14-18, 38-39; 10:44-47).
- Jesús regresará un día para juzgar a todas las personas y hacer nuevas todas las cosas (Hechos 3:20-21; 10:42; 17:31).
- La Buena Noticia de Jesús es para todas las personas, y las insta a arrepentirse y a bautizarse (Hechos 2:21, 38; 3:19; 10:43, 47-48; 17:30; 26:20).

2. El propósito apologético

El judaísmo era una religión legal en el Imperio romano. Eso quería decir que los judíos eran libres de practicar su religión como mejor les pareciera. Al principio, el cristianismo se vio como una división o secta del judaísmo. Tanto el judaísmo como el cristianismo, sin embargo, pronto se separaron el uno del otro. Los cristianos tenían que mostrarles a los ciudadanos del Imperio romano que su religión no era peligrosa, sino más bien una fuente de bendiciones para todos.

Ese propósito apologético del libro de los Hechos se aprecia de mejor manera en sus numerosos discursos. Se registra un total de veinticuatro discursos en Hechos. A continuación, se desglosan cuatro discursos clave que explican el mensaje del evangelio y el plan de Dios para la iglesia y, en general, para toda la humanidad.

El Areópago en Atenas, Grecia

Cuatro discursos clave en Hechos

DISCURSO	AUDIENCIA	CENTRO DE ATENCIÓN
El discurso de Pedro a los discípulos en el aposento alto Hechos 1:16-26	Cristianos	» El cumplimiento del propósito de Dios en las Escrituras (versículos 16, 20). » La actividad del Espíritu Santo (versículo 16). » La decisión de reemplazar a Judas (versículo 24).
El discurso de Pedro a la multitud en Jerusalén en Pentecostés Hechos 2:14-39	Judíos que aún no eran creyentes	» Las acciones de Dios como cumplimiento de sus promesas en Joel (versículos 16-21). » Las acciones de Dios y su aceptación de la vida, muerte y resurrección de Jesús (versículos 22-24). » Dios hizo a Jesús Señor y Mesías (versículo 36).
El discurso de Pedro a los de la casa de Cornelio en Cesarea Hechos 10:34-43	Gentiles que aún no eran creyentes	» Dios no hace acepción de personas (versículo 34). » La predicación de Jesús vino de parte de Dios (versículo 36). » Dios ungió a Jesús con el Espíritu Santo (versículo 38). » Dios resucitó a Jesús de entre los muertos (versículo 40). » Los apóstoles son testigos de esos acontecimientos (versículo 41). » Dios designó a Jesús como juez (versículo 42).
El discurso de Pablo en el Areópago de Atenas Hechos 17:22-34	Paganos	» Dios se ha dado a conocer a sí mismo (versículo 23). » Dios es el creador y sustentador del mundo (versículos 24-25). » Dios es el Señor de todas las naciones (versículo 26). » Dios quiere que las personas lo busquen y lo encuentren (versículos 27-28). » La idolatría no da conocer a Dios (versículo 29). » Dios llama a toda la humanidad al arrepentimiento (versículo 30). » Dios designó a Jesús como juez al resucitarlo de entre los muertos (versículos 31-32).

3. El propósito unificador

A medida que la iglesia crecía numérica y geográficamente, la cuestión de cómo incluir a los gentiles pasó a primer plano. Eso en especial se ve en Hechos 15, donde Lucas relata cómo Pablo, Pedro y otros líderes de la iglesia se reunieron en Jerusalén para tratar la incorporación de los gentiles a lo que principalmente era, en ese momento, una iglesia judía.

Aunque tanto el Evangelio de Lucas como el libro de los Hechos hacen énfasis en la misión a los gentiles, la obra entre los judíos era igualmente importante. Al enfocar la narración tanto en el apóstol Pedro, quien ministró principalmente en Jerusalén, como en Pablo, quien se aventuró a difundir el evangelio al mundo gentil, Hechos muestra la importancia de predicar el evangelio a todos.

4. El propósito de enseñanza

Hechos tenía el propósito de ser un libro de instrucción para los muchos nuevos creyentes de todo el Imperio romano. Necesitaban conocer el origen de su fe (el Evangelio de Lucas) y la forma en que el poder del evangelio se extendió por todo el imperio (el libro de los Hechos). Así como los creyentes podían rastrear las acciones de Dios en el Antiguo Testamento, podían rastrear las acciones del Espíritu Santo en su época. La historia del libro de los Hechos es la historia del pueblo de Dios, y muestra cómo el Espíritu se ha movido (y todavía se mueve hoy) por todo el mundo y en la iglesia.

BOSQUEJO DEL LIBRO DE LOS HECHOS

1. **La obra de Jesús continúa con los apóstoles** (1:1-11)
2. **La misión en Jerusalén** (1:12–8:3)
    a. El ministerio de Pedro (1:12–5:42)
    b. El ministerio de Esteban (6:1–8:3)
3. **La misión en Samaria y Judea** (8:4–11:18)
    a. El ministerio de Felipe (8:4-40)
    b. La conversión de Saulo (Pablo) (9:1-31)
    c. El ministerio de Pedro continúa (9:32–11:18)
4. **La misión hacia los «lugares más lejanos de la tierra»** (11:19–28:29)
    a. El ministerio de Bernabé (11:19-30)
    b. La conclusión del ministerio de Pedro (12:1-19)
    c. La muerte de Herodes Agripa (12:19-25)
    d. El ministerio de Pablo y Bernabé: Primer viaje misionero (13:1–14:28)
    e. El concilio de Jerusalén (15:1-35)
    f. El ministerio de Pablo y Silas: Segundo viaje misionero (15:36–18:22)
    g. El ministerio de Pablo: Tercer viaje misionero (18:23–21:14)
    h. Pablo en Jerusalén (21:15–23:22)
    i. Pablo en Cesarea (23:23–26:32)
    j. El viaje de Pablo a Roma (27:1–28:29)
5. **Conclusión** (28:30-31)

DIOS, JESÚS Y EL ESPÍRITU SANTO

Hay docenas de personas que se nombran en el libro de los Hechos, y docenas más no se nombran. Por medio de las vidas de Pablo, Pedro y cada persona en Hechos, sin embargo, y entre bambalinas de cada historia asombrosa, hay un personaje principal. El foco de esta historia es Dios. Él es quien obró por medio de la iglesia del primer siglo como Dios el Padre, Dios el Hijo (Jesucristo) y Dios el Espíritu Santo.

Dios: El centro de la historia cristiana

El libro de los Hechos cuenta la historia de Dios con relación a la comunidad de seguidores de Cristo:

- Dios es el creador (Hechos 7:48-50).
- Él capacita a las personas para que sean sus seguidores (Hechos 2; 4:24-29).
- Él es el Dios de los antepasados de Israel (Hechos 3:13; 22:14; 24:14).
- Él es el Dios de los gentiles (Hechos 10:45; 11:18; 15:7-9, 14; 21:19-20).

En Hechos encontramos al mismo Dios de gracia y misericordia que encontramos en el Antiguo Testamento. Él ha tomado la iniciativa de rescatar a su pueblo, tal como había prometido que lo haría, y extiende la invitación a gente de todas las naciones.

Jesús: El Señor de todo

Aprendemos acerca de Dios al conocer a su Hijo, Jesucristo. Como enseña la Epístola a los Hebreos, «en estos últimos días, nos ha hablado por medio de su Hijo» (Hebreos 1:2). Si el Antiguo Testamento revela a Dios, el Nuevo Testamento perfecciona esa revelación en la persona de Jesús. Aprendemos mucho acerca de Jesús en el libro de los Hechos.

Jesús es:

El Mesías prometido	Hechos 2:36; 3:20; 5:42; 8:5; 17:3; 18:5
El Hijo de David	Hechos 2:30; 13:23

Señor	Hechos 2:36; 10:36
El Hijo de Dios	Hechos 9:20; 13:33
Un Profeta como Moisés	Hechos 3:22-23; 7:37
Un siervo del Señor	Hechos 3:13, 26; 4:30
El Hijo del Hombre	Hechos 7:56
El Justo	Hechos 3:14; 7:52; 22:14
El autor de la vida	Hechos 3:15
El Príncipe (Líder) y Salvador	Hechos 5:31
Alguien destinado a sufrir	Hechos 3:18; 17:3; 26:23
Alguien ejecutado injustamente	Hechos 2:23-24; 3:13-15; 8:32-33; 13:28

El Espíritu Santo: El motor

El Espíritu Santo es quien hace posible la misión. Como se ve en Hechos, el Espíritu dirige e impulsa a los creyentes a llevar el evangelio a todas las personas y les da poder para hacerlo. El Espíritu es una fuerza tal en la historia de Hechos que algunos han sugerido que el libro, en lugar de llamarse por su nombre tradicional, *Los Hechos de los Apóstoles*, debería llamarse *Los Hechos del Espíritu Santo.*

En Hechos, descubrimos que:

- El Espíritu desciende sobre judíos y gentiles por igual, como señal de la aceptación de Dios (Hechos 10:45).
- La morada del Espíritu es la experiencia común de los creyentes (Hechos 19:1-6).
- A pesar de la persecución y los reveses en la misión, el Espíritu todavía les infunde alegría a los creyentes (Hechos 13:52).
- El Espíritu hace avanzar la misión de Dios (Hechos 2:1-41; 4:31; 8:29).

LA IGLESIA EN HECHOS

La formación de la iglesia fue una iniciativa de Dios. Era (y sigue siendo) una extensión de su Señor. Esa nueva comunidad de creyentes de Hechos se caracterizó por los siguientes seis rasgos.

1. El bautismo

El poderoso simbolismo del bautismo le dio forma a la identidad de la iglesia. Las personas de esta nueva comunidad eran las que murieron a su antiguo yo y nacieron de nuevo con el poder y el sello del Espíritu Santo. Se trataba de una nueva identidad en Cristo, en la que ya no debería haber gentiles ni judíos, ni ninguna otra característica social o biológica que los llevara a marginar a otras personas. Todos estaban unidos como un solo cuerpo.

> La gente creyó el mensaje de Felipe sobre la Buena Noticia acerca del reino de Dios y del nombre de Jesucristo. Como resultado, se bautizaron muchos hombres y mujeres.
>
> HECHOS 8:12

2. La adoración

Para la iglesia, la adoración era una declaración visual de sus creencias más profundas. En la adoración, los creyentes expresaban con todo su ser lo que era más importante. Alabar a su Señor también era una experiencia de humildad, en la que los creyentes reconocían su dependencia final de Dios.

Cuando los demás oyeron esto, dejaron de oponerse y comenzaron a alabar a Dios.

HECHOS 11:18

Todos los creyentes estaban unidos de corazón y en espíritu. Consideraban que sus posesiones no eran propias, así que compartían todo lo que tenían. Los apóstoles daban testimonio con poder de la resurrección del Señor Jesús y la gran bendición de Dios estaba sobre todos ellos. No había necesitados entre ellos.

Hechos 4:32-34

3. La comunión

La vida de la nueva comunidad de creyentes era central en su mensaje. Esa comunidad se caracterizaba por una comunión íntima con otros creyentes y con el Señor. La comunión con otros creyentes fluye de la comunión con Dios. En el partimiento del pan (que de seguro incluía la Cena del Señor), la comunión llegó a ser una parte central de la comunidad cristiana.

Todos los creyentes se dedicaban a las enseñanzas de los apóstoles, a la comunión fraternal, a participar juntos en las comidas (entre ellas la Cena del Señor), y a la oración.

HECHOS 2:42

4. La enseñanza

La iglesia era *apostólica* porque estaba fundada sobre las enseñanzas de los apóstoles. Enseñaban todo lo que Jesús les había enseñado y lo que el Espíritu les revelaba.

Los apóstoles daban testimonio con poder de la resurrección del Señor Jesús y la gran bendición de Dios estaba sobre todos ellos.

HECHOS 4:33

5. La misión

La misión de la iglesia era llevar adelante la misión de Dios. Por medio de las vidas de los creyentes y su testimonio verbal, Dios extendió su reino desde Jerusalén hacia afuera. La iglesia era (y sigue siendo) la representante activa de Dios en la tierra. Así como Jesús sufrió por llevar a cabo la misión de Dios Padre, los apóstoles y los primeros cristianos enfrentaron la persecución y el rechazo por la misión (Hechos 14:22).

> [Pablo] explicó y dio testimonio acerca del reino de Dios y trató de convencerlos acerca de Jesús con las Escrituras. Usando la ley de Moisés y los libros de los profetas, les habló desde la mañana hasta la noche.
>
> HECHOS 28:23

6. El liderazgo

El liderazgo fue vital durante los primeros años de formación de la iglesia. En el libro de los Hechos se presenta a muchos líderes importantes que enfrentaron todo tipo de desafíos: Esteban, Santiago, Bernabé, Silas, Priscila, Aquila y, en especial, Pedro y Pablo.

> Los delegados escogidos eran dos de los líderes de la iglesia: Judas (también llamado Barsabás) y Silas.
>
> HECHOS 15:22

EL BAUTISMO EN HECHOS

Antes de su ascensión, Cristo dio a sus discípulos un mandamiento sobre lo que harían después de que él dejara este mundo: hacer discípulos y bautizarlos. Ese mandamiento se conoce como la gran comisión.

> Por lo tanto, vayan y hagan discípulos de todas las naciones, bautizándolos en el nombre del Padre y del Hijo y del Espíritu Santo. Enseñen a los nuevos discípulos a obedecer todos los mandatos que les he dado. Y tengan por seguro esto: que estoy con ustedes siempre, hasta el fin de los tiempos.
>
> MATEO 28:19-20

Los primeros cristianos bautizaron a nuevos creyentes de todo tipo de orígenes, etnias y estatus social. A continuación hay algunos ejemplos del libro de los Hechos:

- Cuando Pedro le habló a una gran multitud durante Pentecostés, sus palabras «traspasaron el corazón de ellos» y preguntaron: «¿Qué debemos hacer?». Pedro respondió: «Cada uno de ustedes debe arrepentirse de sus pecados y volver a Dios, y ser bautizado en el nombre de Jesucristo para el perdón de sus pecados». Alrededor de tres mil personas aceptaron el mensaje de Pedro y las bautizaron (Hechos 2:5-41).

La palabra *bautizar* proviene del verbo griego *baptizo*, el cual significa cubrir con o sumergir en agua, lavar, zambullir, sumergir.

- El apóstol Felipe le explicó la Buena Noticia de Jesús a un devoto funcionario etíope. Cuando el hombre creyó, de inmediato pidió que lo bautizara (Hechos 8:26-40).
- Pablo (Saulo) era un fariseo que perseguía implacablemente a los cristianos. Después de un encuentro con el Señor resucitado en el camino a Damasco, creyó en Jesús y después lo bautizaron (Hechos 9:18).
- Cuando Pedro vio que Dios había derramado el Espíritu Santo sobre Cornelio, un centurión romano devoto y temeroso de Dios, y los de su casa, de inmediato Pedro dio órdenes de que los bautizaran (Hechos 10:1-48).
- Una mujer de negocios llamada Lidia llegó a ser la primera conversa de Europa cuando escuchó el mensaje del apóstol Pablo. A ella y a su familia los bautizaron (Hechos 16:11-15).
- Después de presenciar el poder de Dios por medio de Pablo y Silas que estaban encarcelados, su carcelero los llevó a su casa donde explicaron el mensaje de salvación a todos los presentes. El carcelero y su familia creyeron y los bautizaron de inmediato (Hechos 16:25-34).

DISCÍPULOS Y APÓSTOLES

La palabra *discípulo* significa «aprendiz» o «estudiante». En la antigüedad, un maestro tomaba a uno o más seguidores bajo su protección, en una especie de relación maestro-aprendiz. El objetivo del discípulo era llegar a ser como su mentor: aprender de él, extraer su sabiduría y emular su vida. El objetivo del profesor era impartir conocimientos y habilidades importantes que el estudiante pudiera transmitirles a los demás.

Jesús no solo instruyó a sus doce discípulos (la idea que está detrás de la palabra *discípulo*), sino que también los envió a misiones, la idea que está detrás de la palabra *apóstol*. *Apóstol* significa «alguien que es enviado», «mensajero» o «enviado».

- Jesús les dio la designación de *apóstol* a los doce hombres que él escogió para dirigir la iglesia del primer siglo: «[Jesús] llamó a todos sus discípulos y escogió a doce de ellos para que fueran apóstoles» (Lucas 6:13).
- Después de que Judas traicionó a Cristo y se suicidó, eligieron a Matías para tomar su lugar como uno de los doce apóstoles (Hechos 1:15-26).
- Aunque no es uno de los doce apóstoles, Pablo se refiere a sí mismo varias veces en sus cartas como un apóstol nombrado por Jesucristo (1 Corintios 1:1; 2 Corintios 1:1; Gálatas 1:1), e incluso, específicamente, como un «apóstol a los gentiles» (Romanos 11:13).
- El autor de Hechos se refiere a Pablo y Bernabé como apóstoles (Hechos 14:14).

CAPÍTULO 3

El mundo de los primeros cristianos

El libro de los Hechos lleva al lector a un viaje. Es un viaje espiritual, ya que el Espíritu Santo moldea a los creyentes en Jesucristo para que formen la iglesia, la cual, a su vez, cambia y se expande a lo largo de la historia relatada en Hechos. Por otro lado, también es un viaje geográfico. Los acontecimientos de Hechos comienzan en las colinas de Jerusalén, luego se desplazan hasta los caminos de Asia Menor y los puertos ubicados alrededor del Mar Egeo. Aunque cada región tenía su propia historia y había desarrollado su propia cultura, todas tenían algo en común: todas eran controladas por los emperadores de Roma.

EL AMBIENTE POLÍTICO

Durante la época del Nuevo Testamento, el Imperio romano pasó por varias transiciones de liderazgo. Cayo Octavio, quien más adelante fue conocido como Octavio, consolidó el poder de la República romana y se convirtió en el primer emperador romano. (Él era el emperador en el momento del nacimiento de Jesús). Le añadió a su nombre el título «Hijo del Divino» para fortalecer los lazos con su padre adoptivo, Julio César, después de que el Senado romano había declarado dios a Julio César. Octavio expandió en gran medida el dominio romano alrededor del mar Mediterráneo.

Durante el tiempo en que Jesús era un niño y vivía en Nazaret, Tiberio sucedió a Octavio. El Imperio romano floreció bajo el reinado de Tiberio, pero algunas fricciones religiosas comenzaron a desarrollarse. La población judía de Roma aumentó hasta tener un impacto importante en los ciudadanos de la ciudad. Los líderes romanos consideraban que la creencia judía en *un solo* Dios y su rechazo a los muchos dioses del panteón romano (¡incluso César!) perjudicaban al gobierno. El cristianismo también se desarrolló durante los últimos años de la vida de Tiberio. En un intento por apaciguar la creciente fricción religiosa, Tiberio trató de legalizar el cristianismo. El senado romano, sin embargo, no estuvo de acuerdo y declaró ilegal el cristianismo, al sostener que perjudicaba al imperio.

Calígula sucedió a Tiberio, su abuelo adoptivo, como emperador en el año 37 d. C. Llevó una vida compleja y cruel. Se deleitaba en fiestas extravagantes y daba rienda suelta a sus fantasías sexuales. Al ejercer un poder político sin restricciones, Calígula se volvió cada vez más intolerable debido a su desagradable personalidad. Al final, sus propios guardias lo asesinaron, quienes luego nombraron a Claudio como gobernante en el año 41 d. C.

Claudio pasó gran parte de su vida defendiendo su derecho a gobernar. Encabezó varias campañas de construcción ambiciosas, instituyó reformas fiscales y se centró en fortalecer los lazos con el Senado. Sin embargo, las fricciones religiosas que se desarrollaron bajo el reinado de Tiberio no desaparecieron. Claudio veía a los judíos como alborotadores que perjudicaban su derecho a gobernar, por lo que los expulsó de Roma. Por otro lado, los cristianos gentiles no fueron expulsados de Roma, lo cual intensificó la animosidad entre judíos y gentiles en la iglesia romana del primer siglo. (Pablo abordó esa división en su Carta a los Romanos). El edicto de Claudio para expulsar a los judíos de Roma obligó a Priscila y Aquila a irse a Corinto, donde, en su momento, se encontraron con Pablo (Hechos 18:2).

La religión en el Imperio

El Imperio romano era politeísta (la creencia en muchos dioses), por lo que era normal que no se opusiera a que la gente adorara a los dioses de su elección. En efecto, absorbían dioses adicionales en el panteón de los dioses romanos. El único inconveniente era que todas las personas también tenían que honrar a los dioses romanos, lo cual era una señal de su devoción a Roma.

Debido a que su religión prohibía el culto a otros dioses por cualquier motivo, los judíos se encontraban en una posición complicada. Para los judíos, había un Dios y solo un Dios (Deuteronomio 6:4). Se negaban a ofrecer sacrificios a los dioses romanos, acciones que Roma consideraba una afrenta contra su soberanía. Los gobernantes romanos fueron algo tolerantes con los judíos porque preservaban una religión antigua. Asimismo, Roma tenía la motivación de evitar que los judíos de Judea y sus alrededores se sublevaran. Roma no dejaba de vigilarlos de cerca. Cuando los judíos o los primeros cristianos judíos ganaban popularidad, Roma la miraba con disgusto. Era frecuente que tanto la fe judía como la cristiana se consideraran una insubordinación política a Roma.

El Panteón, el templo de todos los dioses de Roma. Hoy en día el edificio es la Basílica de Santa María de los Mártires.

Tras la muerte de Claudio, Nerón se convirtió en el quinto emperador romano en el año 54 d. C. (Eso ocurrió alrededor de la época del tercer viaje misionero de Pablo en Hechos). Nerón era un gobernante joven y extravagante que dedicó el mismo tiempo para desarrollar la vida cultural del imperio que el empleado para expandir sus redes comerciales. La animosidad religiosa siguió aumentando y la imposición tributaria se elevó, lo cual provocó una tensión aún mayor. Ese era el contexto durante la última parte de Hechos. Cuando a Pablo lo encarcelaron en Cesarea e hizo su apelación al César, Nerón era ese César (Hechos 25:11).

Unos cinco años después de los acontecimientos narrados en Hechos, un incendio asoló a Roma durante más de seis días. Nerón culpó a los cristianos de haber causado el incendio y, como resultado, persiguieron implacablemente a los cristianos, los capturaron, los arrojaron a las bestias y los quemaron vivos. Se cree que tanto la ejecución de Pedro como la de Pablo se llevaron a cabo en el contexto de esas persecuciones.

Poco después del incendio de Roma, el calor de la fricción religiosa estalló en llamas alrededor del área de Cesarea, lo cual dio como resultado una revuelta judía contra Roma que se extendió hacia toda la región de Galilea. Nerón envió a su comandante militar, Vespasiano, a sofocar la rebelión. Nerón murió antes de que se pusiera fin a la rebelión, por lo que Vespasiano heredó el imperio. Gobernó durante la época en que los romanos destruyeron Jerusalén y el templo en el año 70 d. C.

EL IMPERIO ROMANO EN LA ÉPOCA DE HECHOS

EL TEMA DE LOS VIAJES EN LUCAS Y HECHOS

El libro de los Hechos se detalla geográficamente de principio a fin. El mensaje de la muerte y resurrección de Jesús se extiende de Jerusalén hacia el resto del Imperio romano. Ese tema de los viajes es una continuación del Evangelio de Lucas. Comenzando en Lucas 9 y continuando hasta el capítulo 19, Lucas detalla el largo y decidido viaje que Jesús y los discípulos hicieron a Jerusalén por última vez. Luego la narración se desacelera considerablemente a medida que Lucas detalla los eventos de la semana de la Pascua que conducen a la crucifixión y resurrección de Jesús.

Hechos retoma la narración donde termina el Evangelio de Lucas y continúa el tema de los viajes pero en orden inverso. El evangelio se desplaza de Jerusalén hacia afuera de la ciudad. El libro también cambia el enfoque de las narraciones de Jesús al Espíritu Santo.

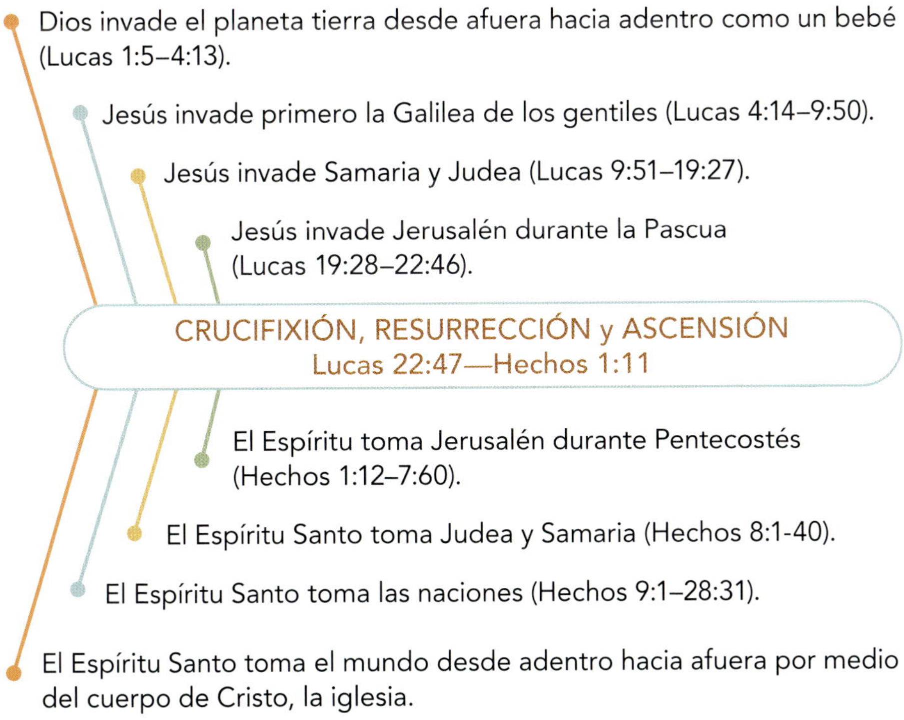

- Dios invade el planeta tierra desde afuera hacia adentro como un bebé (Lucas 1:5–4:13).
  - Jesús invade primero la Galilea de los gentiles (Lucas 4:14–9:50).
    - Jesús invade Samaria y Judea (Lucas 9:51–19:27).
      - Jesús invade Jerusalén durante la Pascua (Lucas 19:28–22:46).

CRUCIFIXIÓN, RESURRECCIÓN y ASCENSIÓN
Lucas 22:47—Hechos 1:11

      - El Espíritu toma Jerusalén durante Pentecostés (Hechos 1:12–7:60).
    - El Espíritu Santo toma Judea y Samaria (Hechos 8:1-40).
  - El Espíritu Santo toma las naciones (Hechos 9:1–28:31).
- El Espíritu Santo toma el mundo desde adentro hacia afuera por medio del cuerpo de Cristo, la iglesia.

Restauración

Tanto Lucas como Hechos exploran el concepto de *restauración* dentro del tema de los viajes. En Lucas, el papel de Jesús como Mesías impulsó su viaje final hacia Jerusalén. A lo largo del camino, desafió a sus discípulos a replantearse sus suposiciones acerca de lo que el Mesías debía hacer. Jesús estaba en el proceso de restaurar el reino de Dios, pero su obra no era principalmente de naturaleza política, como mucha gente suponía. Él no sería como el rey David, cuyo reino demarcaba sus extremos con fronteras. La meta de Jesús era mayor porque su versión de la restauración incluía a todas las personas. Jesús exhibió eso a lo largo de su vida, cuando interactuó con ricos y pobres, hombres y mujeres, adultos y niños, agricultores y eruditos, judíos y gentiles. Sus acciones demostraron lo que significaba para el Mesías judío incluir a todas las personas en el reino de Dios.

A diferencia de todo reino humano, el reino de Dios no tiene fronteras. Su reino no se manifiesta en el poder y el prestigio humanos, sino en las vidas cambiadas de los ciudadanos del reino.

Incluso después de seguir a Jesús durante muchos años, los discípulos todavía esperaban la restauración de un reino humano que se pareciera al del rey David. La visión de Dios era mayor. Él iba a restaurar toda la creación, como Pedro le explicó a una multitud judía en el templo:

> Pues él debe permanecer en el cielo hasta el tiempo de la restauración final de todas las cosas, así como Dios lo prometió desde hace mucho mediante sus santos profetas.
>
> HECHOS 3:21

Al principio de Hechos, los discípulos aún no se daban cuenta de la magnitud total de la restauración. En Hechos 1:4-5, Jesús les dio la instrucción de esperar en Jerusalén el regalo que Dios les daría: el Espíritu Santo. Por otro lado, ellos preguntaron: «Señor, ¿ha llegado ya el tiempo de que liberes a Israel y restaures nuestro reino?» (versículo 6). La esperanza de los discípulos en la restauración del reino reflejaba una confusión que persistía en ellos en cuanto al reino de Dios, a la restauración de Israel y a la (presunta) independencia nacional (ver Lucas 22:24-27). Jesús reorientó su atención y les dijo que esperaran al Espíritu, y luego serían enviados a ser testigos «en

Jerusalén, por toda Judea, en Samaria y hasta los lugares más lejanos de la tierra» (Hechos 1:8). Se necesitaría que en realidad viajaran hacia diversos grupos de personas, dentro de diferentes contextos, para que los discípulos comprendieran por completo el alcance de la restauración que Dios ofrecía.

Traducción de la historia del evangelio

El tema de los viajes encierra un insólito acto de traducción. Los creyentes judíos tomaron la historia de Jesús, la cual era tan poderosa porque estaba anclada en las narrativas israelitas y judías, y la comunicaron a una gente que no compartía su tierra, sus Escrituras o su historia. Al comienzo de Hechos, los discípulos hablaban con otros judíos y usaban un lenguaje interno para exponer puntos convincentes acerca de Jesús. Al final de Hechos, Pablo les habló a los gentiles que no entendían las costumbres o la historia judías y trató de comunicar por qué una historia judía era de vital importancia para ellos. La expansión del evangelio desde Jerusalén hacia el mundo romano no fue una desviación de la historia israelita, sino una invitación para que más personas se unieran a su historia.

A pesar de que Hechos sigue el tema de la expansión, la iglesia del primer siglo siempre miraba hacia atrás a Jerusalén y a los acontecimientos que sucedieron allí: la vida, la muerte y la resurrección de Jesús. Eso es lo que ancla la Buena Noticia que la iglesia llevó a muchos contextos culturales diferentes. El Espíritu Santo se movió y los apóstoles lo siguieron. Ninguna frontera física o étnica limitaba la restauración ofrecida por el reino de Dios, siempre y cuando la historia de la restauración estuviera plenamente arraigada en los acontecimientos de Jerusalén.

Restauración en Pentecostés

Los Evangelios nos relatan que a Jesús lo crucificaron durante el festival de la Pascua que se celebraba en marzo/abril. La Pascua era el primer festival del calendario religioso judío en el que los peregrinos se congregaban en el templo para recordar lo que Dios había hecho por sus antepasados. Ese festival celebraba la ocasión en que Dios liberó a su pueblo de la esclavitud del yugo de los egipcios.

Según el calendario judío, el siguiente festival de peregrinación era Shavuot, el cual se celebraba siete semanas (o cuarenta y nueve días) después de la Pascua. Ese festival recordaba el pacto que Dios hizo con su pueblo en el monte Sinaí: la entrega de la Torá (la ley de Moisés). Éxodo 19:16-19 describe la aparición de

Dios en el Sinaí con palabras como *truenos, relámpagos, sonidos fuertes* y *fuego*. A pesar de la manifestación física de Dios en la montaña, la gente que estaba abajo creó el ídolo de un becerro de oro. La consecuencia de su pecado en el Sinaí fue la muerte de tres mil personas (Éxodo 32:28). Shavuot les recordaba a los judíos todos esos acontecimientos ocurridos en el Sinaí.

Jesús murió durante la celebración de la Pascua. Hechos 1:3 afirma que Jesús se les apareció a los discípulos durante un período de cuarenta días, en el cual les enseñó acerca del reino de Dios. Los lectores originales hubieran entendido que esos acontecimientos ocurrieron poco antes de Shavuot. Hechos 2:1 comienza: «El día de Pentecostés». La palabra *Pentecostés* viene de la palabra griega que significa «cincuenta». El día de Pentecostés, entonces, era Shavuot.

Ese día, los seguidores de Jesús estaban reunidos en un solo lugar. Observe cómo se les apareció el Espíritu Santo. Fuertes sonidos, una nube y lenguas de fuego inundaron el lugar. Las imágenes ayudan a los lectores de Hechos a establecer una conexión a través del tiempo. Shavuot le recordaba a la gente la gracia de Dios al darles la Torá en el monte Sinaí, así como el peligro de muerte si se alejaba de Dios. Esas fueron también las historias e imágenes que estaban en la mente de las personas que se reunieron en Jerusalén para celebrar. Ahora, en Pentecostés, al usar imágenes similares de sonidos fuertes, viento y fuego, el Espíritu Santo apareció para bautizar a la iglesia en un nuevo pacto (Hechos 2:1-4).

El libro de los Hechos luego relata:

> En esa ocasión, había judíos devotos de todas las naciones, que vivían en Jerusalén.
>
> HECHOS 2:5

¿Por qué había tantas personas diferentes en Jerusalén? ¡Por Shavuot! Se trataba de judíos temerosos de Dios, los cuales vivían en diferentes tierras, pero habían hecho el viaje a Jerusalén para celebrar ese significativo día santo en el templo de Dios. La lista de Hechos 2:9-11 especifica que los judíos habían llegado de Partia (tierras orientales fuera del control de Roma), del Asia Menor (la actual Turquía), de Egipto y del norte de África, de Roma y de las islas del Mediterráneo. Puede calificarse de una lista notable porque cuenta la historia de cuán lejos llegaron los judíos en el extranjero después del exilio babilónico. A los lectores se les recuerda, una vez más, la diversidad de idiomas, lugares y puntos de vista culturales de los judíos. Ellos vivían alrededor del mar Mediterráneo y tan al oriente como el Imperio parto. Su geografía y su experiencia con cualquiera que fuera el imperio que los gobernaba influía en la forma en que practicaban el judaísmo. Sin embargo, estaban unidos a pesar de sus diferencias al viajar a Jerusalén en ese día significativo para recordar cómo Dios creó un pacto con ellos para que fueran su pueblo.

En Pentecostés, los peregrinos de esos diversos lugares escucharon «las cosas maravillosas que Dios ha hecho» expresadas en su propio idioma (Hechos 2:11). Como respuesta a su asombro, Pedro se paró ante las multitudes para explicar los acontecimientos del día. Se apoyó en Joel 2:28-32 y Salmos 16:8 y 110:1 para explicar la misión de Jesucristo y el importante papel del Espíritu Santo. Muchos judíos creyeron ese día y se bautizaron. De hecho, el número de bautizados fue de tres mil, ¡el mismo número de israelitas que habían muerto al pie del monte Sinaí!

EL EVANGELIO A TRAVÉS DE LAS CULTURAS

Jesús les instruyó a sus seguidores que esperaran al Espíritu en Jerusalén; solo entonces serían enviados como testigos a «Jerusalén, por toda Judea, en Samaria y hasta los lugares más lejanos de la tierra» (Hechos 1:8). Si bien esas instrucciones pueden entenderse como una expansión hacia afuera en círculos sucesivamente más grandes, como las ondas de una piedrecita que cae en un estanque, también hay otro aspecto por considerar. Cada lugar que se menciona representa no solo una ubicación geográfica, sino también una visión del mundo.

Los lugares conservan los recuerdos y moldean la manera en que las personas entienden su mundo. Para los judíos del primer siglo, el recuerdo de su historia israelita estaba incrustado en las rocas y en la tierra que los rodeaba, lo cual convertía el lugar en una herramienta de enseñanza y un activador de la memoria. Jesús usó de manera efectiva sus ubicaciones físicas para comunicarse con su audiencia (por ejemplo, Lucas 21:5-6). En esencia, a los discípulos se les encomendó la tarea de traducir quién era Jesús a contextos culturales de lugar e historia muy distintos.

Examinemos cada lugar por separado, y comencemos por Jerusalén.

TIERRA SANTA EN EL NUEVO TESTAMENTO

Jerusalén

Cuando pensamos en lugares que guardan recuerdos, Jerusalén es un buen ejemplo. Desde el punto de vista israelita, Jerusalén era importante por ser la Ciudad de David y el hogar del templo. Jerusalén fue la capital del reino israelita bajo reyes como David y Salomón y, después de ellos, siguió como la capital del reino del sur de Judá hasta su destrucción en el año 586 a. C.

Después del exilio, cuando el Imperio persa permitió que los judíos regresaran a sus tierras, un pequeño número optó por irse al lugar que representaba su hogar. Se fueron a Jerusalén y reconstruyeron la ciudad y el templo en el siglo VI a. C.

En los siglos siguientes, Jerusalén se convirtió en una gran ciudad. Durante un corto tiempo, bajo el liderazgo de los asmoneos, los judíos se independizaron del dominio extranjero y designaron Jerusalén como su capital. Cuando el Imperio romano tomó el control, Jerusalén siguió siendo la sede principal del gobierno local debido a la centralidad del templo para el pueblo judío.

Cuando el Espíritu Santo llegó a los creyentes en Hechos 2, el templo fue el punto focal de la difusión del evangelio. Los judíos de todas las naciones circundantes habían peregrinado al templo para recordar el pacto que hicieron con Dios al pie del monte Sinaí en la fiesta de Shavuot (Pentecostés). Esa muchedumbre grande y diversa de dentro y fuera del Imperio romano llevó consigo el mensaje de Pedro acerca de la restauración del reino de Dios. En cierto modo, se podría decir que el sermón de Pedro llegó «hasta los lugares más lejanos de la tierra».

El segundo templo

Todas las personas de la multitud, sin embargo, tanto judíos como conversos al judaísmo, compartían un trasfondo similar. Cuando Pedro se dirigió a la multitud, usó un lenguaje judío interno. Su sermón se basó en el conocimiento de las Escrituras hebreas y citó pasajes del libro de Joel y de los Salmos 16 y 110. Solo aquellos que estaban familiarizados con la historia y los escritos israelitas habrían de entender el sermón de Pedro. Mientras que el mensaje permaneciera en Jerusalén, se trataba de una historia judía que se centraba en el templo.

Judea

Las curvas y los dobleces de las colinas de Judea creaban un paisaje que desalentaba la interacción con los forasteros. El terreno difícil impedía viajar con facilidad y, por lo tanto, había menos interacción con otras culturas e ideas. Desde la época en que los israelitas se trasladaron a la tierra hasta la época en que Roma los gobernó, las colinas de Judea albergaron comunidades que eran lentas para propiciar el cambio.

La naturaleza conservadora de Judea era notable, incluso en la política romana del primer siglo. Mientras establecía su autoridad y su derecho legítimo a gobernar, Herodes el Grande construyó varios palacios en la región montañosa, incluso uno en Jerusalén. Cuando Herodes murió en el año 4 a. C., el control de Judea pasó primero a su hijo Arquelao y luego a los gobernadores romanos. Esos gobernadores trasladaron sin demora el lugar principal de gobierno de las colinas de Judea, centradas en el templo, a la ciudad costera de Cesarea, centrada en Roma.

Los judíos que vivían en Judea no tenían la misma cantidad de soldados romanos o caravanas de comerciantes de paso por sus ciudades. A menudo se resistían más a Jesús, en tanto que los judíos de Galilea, por otro lado, acudían en masa para escucharlo hablar.

A medida que el libro de los Hechos cuenta la historia de la expansión del evangelio desde Jerusalén, se observa que el mensaje llegó primero a los

Colinas de Judea

judíos, de hecho, con un éxito asombroso. Hechos 5:12-16 dice que la gente de las ciudades vecinas de Judea iba a Jerusalén para ver lo que ocurría. La noticia de los acontecimientos que se desarrollaban en Jerusalén se extendía, y las comunidades que antes se habían resistido a Jesús ahora buscaban explicaciones de lo que escuchaban.

Jerusalén y Judea siempre se habían previsto como los lugares de restauración. Ambos lugares conservaban recuerdos del reino de David, por lo que se suponía que un reino de Dios que se estableciera de nuevo en definitiva instauraría allí su centro. El hecho de que los discípulos difundieran el mensaje de restauración en Jerusalén y Judea no fue algo fortuito. Sin embargo, las ideas judías de restauración se verían ampliadas con el siguiente avance a la insospechada tierra de Samaria.

Samaria

La topografía de Samaria era similar a la de Judea y, por lo tanto, ejercía una influencia igualmente fuerte sobre sus habitantes. Algunos valles de áreas estratégicas, sin embargo, crearon más oportunidades para que las personas estuvieran abiertas a las influencias externas.

Las colinas de Samaria estaban saturadas de recuerdos israelitas.

- Era la tierra del sepulcro de José (Josué 24:32).
- Los montes Ebal y Gerizim eran recordatorios visibles del pacto entre Dios y su pueblo (Deuteronomio 11:29-32; Josué 8:30-35).
- Cuando el reino israelita unido se dividió en dos, una de las ciudades capitales fue Samaria (1 Reyes 16:24).
- La caída del reino del norte en manos de Asiria estuvo marcada por la destrucción de la ciudad de Samaria en el año 722 a. C. Poco después, la región geográfica circundante tomó el nombre de Samaria en honor a la ciudad capital caída.

La Biblia relata cómo Asiria reemplazó a la población israelita con otros pueblos (2 Reyes 17:24). Los recién llegados adoptaron una versión de la religión judía, aunque continuaron rindiendo culto también a sus propios dioses (2 Reyes 17:25-41). Durante algunas reformas religiosas, varias personas del reino del norte histórico reformaron sus prácticas religiosas e incluso contribuyeron a la remodelación del templo (2 Crónicas 30:3-11, 18; 34:9). La gente de la región montañosa de Samaria llegó a ser conocida como el pueblo samaritano. Aunque tenemos poca información sobre los detalles de su historia, hay evidencia de que tenían su propia versión del Pentateuco, los primeros cinco libros del Antiguo Testamento. Se consideraban a sí mismos como los verdaderos hijos de Dios.

Algunas generaciones después, surgió un conflicto entre los judíos que regresaron a Jerusalén del exilio y el pueblo que ya estaba establecido en la comunidad samaritana que se hallaba en el norte (ver Nehemías 4; 6). Cada grupo afirmaba ser el legítimo pueblo escogido de Dios. La animosidad que se describe en los libros de Esdras y Nehemías se convirtió en una profunda hostilidad entre los judíos y los samaritanos que persistió hasta los días de Jesús.

Roma consideraba a las regiones geográficas de Judea y Samaria como una unidad política, no así las mismas personas que vivían allí. Sus territorios guardaban recuerdos del pasado que reforzaban la separación entre ambas poblaciones. A pesar de esa antigua animosidad, Jesús interactuó deliberadamente con los samaritanos (Lucas 9:52-54; 10:33-37; 17:11-19). Por medio de su propia vida y enseñanzas, Jesús demostró cómo el mensaje del evangelio incluía también a los samaritanos.

En el libro de los Hechos, cuando la joven comunidad de cristianos de Jerusalén sufrió la persecución, huyeron a las colinas circundantes de Judea y Samaria. Felipe tuvo mucho éxito al compartir el evangelio en Samaria, lo cual impulsó a otros apóstoles a seguirlo allá (Hechos 8:1, 4-25). El desplazamiento del Espíritu Santo hacia los samaritanos fue la primera pista de que el reino restaurado de Dios incluía a más que solo los judíos.

Colinas de Samaria

Para los samaritanos, la restauración fue sorprendente. De alguna manera, ellos compartían la historia profundamente arraigada de los israelitas, pero expandir la narrativa del evangelio «hasta los lugares más lejanos de la tierra» era un contexto mucho más foráneo.

Los lugares más lejanos de la tierra

Si Hechos 1:8 fuera solo una lista geográfica de nombres, uno esperaría que Galilea estuviera después de Samaria, en especial dado el hecho de que tantos de los discípulos de Jesús eran de Galilea. Sin embargo, a los discípulos se les dijo que fueran hasta los lugares más lejanos de la tierra. ¿Dónde empieza eso y qué significa?

De todos los nombres de lugares que se dan en Hechos 1:8, los «lugares más lejanos de la tierra» son aquellos que requerían ir más allá de los lugares específicos que se aferraban a capas de la historia israelita y judía, así como ir más allá de cualquiera de los lugares donde los discípulos siguieron a Jesús. El uso de la frase «los lugares más lejanos de la tierra» hace eco del mensaje de Isaías, de que la restauración final va a ir más allá de Judá e Israel:

> Yo te haré luz para los gentiles, y llevarás mi salvación a los confines de la tierra.
>
> ISAÍAS 49:6

Tal vez el mensaje de Isaías también estaba en la mente de Simeón cuando vio al niño Jesús en el templo y reconoció la salvación de Dios como «una luz para revelar a Dios a las naciones, ¡y es la gloria de tu pueblo Israel!» (Lucas 2:32).

El libro de los Hechos relata las formas en que la iglesia del primer siglo luchó con el cómo tomar una historia basada en las rocas, el suelo y el paisaje de Judea y Galilea y traducirla a un pueblo en un lugar diferente al propio. Después de todo, cuando Dios hizo un pacto con los israelitas, no hizo promesas acerca de tierras que les pertenecían a otras naciones. Le prometió a su pueblo una tierra específica donde él habitaría entre ellos. Introducir a personas de lugares extranjeros y distantes en su narrativa y hacer que la Buena Noticia acerca de Jesús fuera relevante para ellas significó todo un desafío. Los «lugares más lejanos de la tierra» requerían que llegaran más allá de los lugares y culturas familiares y a *todas las* naciones con *todos los* idiomas.

LA EXPANSIÓN DEL CRISTIANISMO
El cristianismo alrededor del año 100 a. C.
El cristianismo alrededor del año 300 d. C.
Límite del Imperio romano
BRITANIA
GERMANIA
SARMATIA
Colonia
Océano Atlántico
Río Rin
GALIA
Monte Blanco
DACIA
Río Danubio
ILÍRICO
Mar Negro
Marsella
Sinope
ARMENIA
ITALIA
TRACIA
Bizancio
Roma
Filipos
Ankara
HISPANIA
Tesalónica
Poteoli
ASIA MENOR
Edesa
Córdoba
GRECIA
Éfeso
Tarso
Cádiz
Iconio
Corinto
Atenas
Antioquía
Cartago
SICILIA
SIRIA
NUMIDIA
CRETA
CHIPRE
MAURITANIA
Damasco
Mar Mediterráneo
Jerusalén
Cirene
Alejandría
Ciudad o pueblo
Montaña
0 100 200 mi
0 200 400 km
TRIPOLITANIA
CIRENAICA
ARABIA
Menfis
EGIPTO

JUDÍOS Y GENTILES EN LA IGLESIA DEL PRIMER SIGLO

Todo el inicio del libro de los Hechos está empapado de historia y cultura judías. Aquellos que vieron a Jesús ascender al cielo eran judíos. Ellos fueron los primeros en entender el papel monumental que Jesús desempeñó para restaurar el reino de Dios. La siguiente oleada de creyentes también era de judíos. Ellos eran los peregrinos que estaban en Jerusalén y creyeron lo que Pedro dijo. Volverían a sus lugares dispersos, tanto dentro como fuera del Imperio romano, y le dirían a la gente en su casa que Jesús era su Mesías.

Jesús sana a la mujer con flujo de sangre, arte cristiano del siglo IV en la Catacumba de Marcelino y Pedro, Roma

El testimonio de los primeros creyentes tuvo éxito para con muchos judíos y gentiles por igual, lo cual suscitó una nueva pregunta en cuanto a qué hacer con los gentiles que creían en Jesús. ¿Cómo serían incorporados a lo que era principalmente una iglesia cristiana judía? Esa fue la cuestión que se abordó en el concilio de Jerusalén, en Hechos 15.

El contexto y el tema de esa reunión de líderes de la iglesia en Jerusalén es un asunto más complicado de lo que aparenta a primera vista. La reunión tuvo como telón de fondo el creciente nacionalismo judío y la tensión política. Ya había rumores tempranos de una revuelta judía contra Roma. Un pequeño pero creciente número de judíos que vivían en las antiguas tierras israelitas tradicionales querían la independencia. Cada gobernador romano enviado a esas tierras para mantener los intereses del imperio se enfrentó a la difícil tarea de mantener la paz a medida que la tensión seguía en aumento.

Es importante recordar que después del exilio, cuando los israelitas fueron despojados de su tierra, nación y rey, pasaron cientos de años con debates internos sobre qué los convertía en el pueblo de Dios. ¿Cómo se distinguían de los pueblos circundantes? Acordaron cinco principios básicos: un Dios, un templo, la circuncisión, los festivales (que incluían el día de descanso) y un texto sagrado.

La historia de Jesús como Mesías, sus enseñanzas y el poder de su muerte y resurrección se arraigaban en la historia judía. ¿Cómo podía un extraño comenzar a entender la restauración sin entender primero la historia judía? Sin embargo, Jesús les dijo a sus discípulos que su poder transformador no se circunscribía a una ciudad o a una nación. El amor de Dios por las personas se extendía más allá de las fronteras políticas y ofrecía restauración a todos. Por lo tanto, la Buena Noticia no podía ser una historia nacionalista.

Quedaba aún la cuestión de cómo recibir a los gentiles en la comunidad de creyentes sin descartar el judaísmo de Jesús, sus enseñanzas y la historia del pueblo de Dios. Algunos creyentes judíos pensaban que los gentiles tenían que convertirse al judaísmo si iban a apreciar y aceptar el mensaje del evangelio (Hechos 15:1). Entre ese grupo había varios fariseos que tenían en gran estima las enseñanzas de Dios. Ellos procedían de una tradición que instaba a las personas a obedecer las instrucciones de Dios con todo su corazón. Estaban conscientes de la ley bíblica y querían honrar a Dios siguiendo esas instrucciones con cuidado. Desde su perspectiva, solo tenía sentido que los gentiles llegaran a ser parte de la familia de Dios si se convertían primero al judaísmo.

Por otro lado estaban las experiencias de Pedro y Pablo. En el concilio de Jerusalén, Pedro repitió su testimonio acerca de Cornelio y su familia, quienes aceptaron el testimonio de Pedro. Pedro argumentó que el Espíritu Santo descendió sobre ellos a pesar de que no habían sido circuncidados (lo que significaba que no se habían convertido al judaísmo).

> Dios conoce el corazón humano y él confirmó que acepta a los gentiles al darles el Espíritu Santo, tal como lo hizo con nosotros. Él no hizo ninguna distinción entre nosotros y ellos, pues les limpió el corazón por medio de la fe.
>
> HECHOS 15:8-9

¿Por qué cuestionar lo que Dios ya hizo? ¿Por qué poner requisitos a los gentiles que Dios no les impuso primero? Pablo y Bernabé apoyaron la afirmación de Pedro y se pusieron de pie para contarle al concilio lo que habían visto hacer a Dios entre los gentiles.

Aun así, responder la pregunta acerca de los gentiles en la iglesia requería de más reflexión. Los líderes recurrieron a las Escrituras y a su pasado. Santiago citó una línea de la traducción griega del profeta Amós que afirma que cuando Dios restaure la casa de David, el resto de la humanidad buscará al Señor y llevará su nombre (Amós 9:11-12). Otros profetas dijeron cosas similares. La restauración que Dios prometió a su pueblo se extendería más allá de Israel a todas las personas que reconocieran el reino de Dios (Isaías 2:2-4; Jeremías 12:14-17; Zacarías 2:10-11; 8:20-23).

Así que los gentiles habían sido parte del plan de Dios desde el principio, pero ¿qué se requería de ellos para que se unieran a los creyentes judíos? Una vez más, el concilio recurrió a las Escrituras. Aunque muchas leyes del Antiguo Testamento se dirigen específicamente a la nación israelita, se reconoce que el *ger* (hebreo para «extranjero») siempre viviría entre ellos. ¿Qué leyes se les aplicaban? Levítico 17:7-10 y 18:26 mencionan específicamente las leyes que se aplicaban tanto a los israelitas como a los extranjeros que vivían con ellos. Nadie debía comer alimentos contaminados por ídolos, participar en inmoralidad sexual o comer la carne de un animal estrangulado con su sangre.

El concilio llegó a la conclusión de que, puesto que el Espíritu se derramaba sobre los gentiles, así como el Espíritu se había derramado sobre los judíos, lo más probable era que Dios no exigía que los gentiles se convirtieran en judíos, por lo que ellos tampoco lo harían. Sin embargo, requerirían que los gentiles se adhirieran a las tres leyes generales de Levítico. Al hacerlo, los gentiles demostrarían su aceptación del Dios de Israel.

Pedro y Pablo, catacumba del siglo IV, Roma

TEMPLO, SINAGOGA E IGLESIA

Históricamente, el foco de atención de Israel fue el templo que el rey Salomón construyó en Jerusalén. Era la casa de Dios, el lugar donde Dios habitaba entre su pueblo en la tierra que les había dado. En el año 586 a. C., los babilonios destruyeron ese templo, desterraron a los israelitas de su tierra y los esparcieron por todo el Imperio babilónico. No podemos ignorar lo traumática que pudo ser esa época. Su identidad estaba construida en torno a ser el pueblo de Dios en la tierra de la herencia, con Dios en medio de ellos. ¿Qué sucede cuando se es un pueblo sin reino ni templo?

Los israelitas que vivían en el exilio (en ese entonces llamados judíos) comenzaron un nuevo hábito de reunirse en pequeños grupos locales para discutir las Escrituras, y así nació la sinagoga. La palabra *sinagoga* no se refiere estrictamente a un edificio, sino a una asamblea de personas. Esas reuniones priorizaban la adoración y el estudio de las Escrituras. La sinagoga era el lugar donde los judíos aprendían de los ancianos y eruditos, se educaban y se fortalecían como comunidad.

Aun cuando los judíos reconstruyeron el templo de Jerusalén, el papel de la sinagoga siguió siendo importante. Solo existía un templo, para un Dios, en un solo lugar, pero los judíos vivían en una variedad de lugares. La sinagoga local creó un lugar para reafirmar su sentido de identidad como pueblo de Dios en medio de la más grande e influyente sociedad no judía.

El templo de Jerusalén y las sinagogas locales ocupan un lugar destacado en el libro de los Hechos. Después de Pentecostés, los creyentes judíos siguieron reuniéndose en el templo todos los días. Pedro y Juan también estaban allí, y hacían milagros y explicaban cómo Jesús había cumplido el papel de Mesías. Incluso durante sus viajes, Pablo regresó al templo de Jerusalén en repetidas ocasiones.

Ya fuera en el complejo del templo o en las casas, los primeros creyentes se reunían para discutir cómo Jesús había cumplido las Escrituras. De esa manera, las primeras comunidades eclesiásticas eran como las primeras sinagogas. Judíos que hacían lo que siempre habían hecho conformaron la iglesia naciente; ellos iniciaron los grupos en hogares para reunirse y hablar de lo que tenían en común.

Cuando el tema de los viajes en Hechos lleva al lector fuera de Jerusalén y lejos del templo, la narración se centra más en las sinagogas. A lo largo de los viajes de Pablo, cuando él entraba a una nueva ciudad, se dirigía primero a la sinagoga y discutía las Escrituras con las audiencias judías. Pablo no descartó las reuniones en la sinagoga ni la adoración judía, pero sí complicó la situación al invitar a los gentiles a esa comunidad.

> Lo mismo sucedió en Iconio. Pablo y Bernabé fueron a la sinagoga judía y predicaron con tanto poder que un gran número de judíos y griegos se hicieron creyentes.
>
> HECHOS 14:1

Tanto judíos como gentiles de la nueva comunidad cristiana enfrentaron desafíos sobre cómo vivir y adorar como una sola iglesia, un solo cuerpo de Cristo. Los judíos que estaban dispersos por diferentes naciones usaban la sinagoga como un lugar para recordar su identidad como pueblo de Dios, distinta a la cultura que los rodeaba. ¿Cómo sería tener judíos al lado de gentiles en el espacio donde se adoraba a Dios? Los gentiles del mundo romano tenían que reajustar su cosmovisión; y este ajuste no consistía solo en adorar al Dios de los judíos, sino también en rechazar a todos los demás dioses. Tanto los cristianos judíos como los gentiles tenían que renunciar al deseo nacionalista de tener tierra, gobierno y control para comprender la cualidad sin fronteras del reino de Dios.

Ruinas de la antigua sinagoga de Capernaúm, Israel

La resurrección de Jesús y la presencia del Espíritu Santo requerían una nueva forma de entender el mundo. Al igual que la profecía del libro de Joel del Antiguo Testamento que prometía una época en la que todas las personas serían restauradas (Joel 2:28-32), la resurrección de Cristo significó la destrucción de las barreras entre el amo y el siervo, los hombres y las mujeres, los judíos y los gentiles (Gálatas 3:28). Todos los grupos de personas tenían que encontrar la manera de ser una iglesia colectiva, porque el Espíritu Santo en Hechos dejó claro que segregar a la iglesia no era una opción para la iglesia de Dios.

CAPÍTULO 4

La vida de Pablo

A medida que leemos el libro de los Hechos, descubrimos la fascinante historia de Pablo, un hombre que pasó de ser un agresivo perseguidor de los cristianos a ser perseguido él mismo como cristiano en repetidas ocasiones. Para difundir la Buena Noticia de Jesús, Pablo se enfrentó a multitudes hostiles de paganos y judíos devotos por igual. Se opuso a los herejes que trataban de tergiversar el evangelio, y disciplinó a los cristianos que no vivían a la altura de su fe, a veces con delicadeza y otras no tanto. Al mismo tiempo, Pablo era un estímulo para quienes trabajaban con él y sufrían junto a él por causa del evangelio. Pablo plantó iglesias desde Asia Menor hasta Grecia mientras experimentaba tanto dificultades como alegrías, y llegó a ser el misionero más destacado de la iglesia del primer siglo.

La historia de Pablo narrada en Hechos no es solo un registro histórico de la iglesia del primer siglo que debemos conocer, sino que también es una historia en la cual podemos inspirarnos. Dios hace cosas asombrosas por medio de las vidas de quienes, al igual que Pablo, rinden sus duros corazones y sus obstinadas voluntades a la voluntad de Dios y a su abundante gracia.

EL ENTORNO

Cuando oímos hablar por primera vez acerca de Pablo (también llamado Saulo) en el libro de los Hechos, Jesús había resucitado de entre los muertos y, antes de que ascendiera al cielo, les había dado a sus discípulos la audaz misión de ser testigos hasta los lugares más lejanos de la tierra. Los discípulos habían recibido el Espíritu Santo en Pentecostés y tres mil personas se habían bautizado. La iglesia había comenzado.

A estas alturas de la historia, Pedro, Juan y Esteban testificaban en público acerca de la Buena Noticia de Jesús, pero no todo el mundo en Jerusalén estaba contento con ese nuevo y extraño movimiento. Así que los líderes de la ciudad instigaron a una multitud contra Esteban, lo sacaron de la ciudad a rastras y lo mataron brutalmente a pedradas. Saulo, entonces, entró en escena. Las personas que acusaban a Esteban «se quitaron sus túnicas y las pusieron a los pies de un joven que se llamaba Saulo», quien contemplaba con aprobación la ejecución de Esteban (Hechos 7:58). Sin embargo, estaba decidido a no quedarse simplemente como un espectador.

> Y Saulo iba por todas partes con la intención de acabar con la iglesia. Iba de casa en casa y sacaba a rastras tanto a hombres como a mujeres y los metía en la cárcel.
>
> HECHOS 8:3

Saulo tenía planes de destruir a la iglesia de Dios por completo, pero Dios tenía otros planes para él.

¿QUIÉN ERA PABLO?

Pablo nació en Tarso (en la actual Turquía), de seguro en algún momento entre los años 2 y 5 d. C. Tarso era una ciudad portuaria cosmopolita, conocida por su riqueza y privilegios. Años más adelante, en una de sus cartas, Pablo se describe a sí mismo como «ciudadano de Israel de pura cepa y miembro de la tribu de Benjamín, ¡un verdadero hebreo como no ha habido otro!» (Filipenses 3:5). Aunque Pablo era judío, también era ciudadano del Imperio romano por nacimiento. Esa doble nacionalidad le serviría más adelante, tanto en su vida como en su ministerio (Hechos 22:25-29; 25:10-12).

Cuando aún era joven, Pablo llegó a Jerusalén donde estudió con Gamaliel, el famoso maestro judío (Hechos 22:3; 5:34). Gamaliel era un miembro de alto rango del Concilio Supremo, e incluso pudo haber sido su miembro principal en algún momento. También era una figura prominente entre los fariseos, los cuales se caracterizaban por su estricto cumplimiento tanto de la ley mosaica como de la tradicional. Los fariseos también eran famosos por su hipocresía, ya que con frecuencia imponían normas que ellos mismos descuidaban, un hecho que Jesús les reprochaba con regularidad (Mateo 6:1-5, 23:1-12; Lucas 11:37-52). No obstante, Gamaliel había ayudado a salvar la vida de los primeros cristianos. En Hechos 4–5, cuando los apóstoles Juan y Pedro fueron juzgados ante el Concilio Supremo por predicar el nombre de Jesús, Gamaliel se dirigió al Concilio Supremo y les trajo a la memoria a los insurrectos del pasado, luego advirtió al concilio:

> Así que mi consejo es que dejen a esos hombres en paz. Pónganlos en libertad. Si ellos están planeando y actuando por sí solos, pronto su movimiento caerá; pero si es de Dios, ustedes no podrán detenerlos. ¡Tal vez hasta se encuentren peleando contra Dios!
>
> HECHOS 5:38-39

Como resultado, liberaron a Juan y a Pedro, por lo que «seguían enseñando y predicando este mensaje: "Jesús es el Mesías"» (Hechos 5:42).

Pablo, el discípulo de Gamaliel, eligió un camino muy diferente. Pablo se volvió fanático de defender su fe judía y de detener el creciente movimiento de Jesús. A pesar de su celo religioso, estaba ciego en cuanto a quién era Jesús en realidad: el Dios al que tan fervientemente deseaba servir. Pablo describió ese período de su vida cuando escribió:

> Perseguí con violencia a la iglesia de Dios. Hice todo lo posible por destruirla. Yo superaba ampliamente a mis compatriotas judíos en mi celo por las tradiciones de mis antepasados.
>
> GÁLATAS 1:13-14

Las ambiciones religiosas de Pablo en contra de los discípulos de Jesús lo llevaron más allá de Jerusalén, hacia el norte, hacia la ciudad de Damasco.

¿Saulo o Pablo?

Aunque otros ejemplos bíblicos de cambios de nombre (Abram a Abraham, Jacob a Israel) ayudan a que resulte fácil pensar que Jesús cambió el nombre de Saulo a Pablo en el camino a Damasco, la explicación más plausible es que el cambio se deba a un motivo menos dramático. Leemos el nombre de Pablo por primera vez en Hechos 13:9 («Saulo, también conocido como Pablo»). Esa referencia se da más de una década después de los acontecimientos de la conversión de Pablo en el camino a Damasco. Es probable que la dualidad de nombres, Saulo y Pablo, reflejara la herencia dual del apóstol como hebreo y romano: Saulo era su nombre hebreo y Pablo su nombre romano (o gentil). Además, la primera mención del nombre Pablo en Hechos se relaciona con su ministerio en Chipre, cuando guía al procónsul romano Sergio Paulo a Cristo (Hechos 13:7-12). A medida que se volvía cada vez más obvio que la misión de Pablo era para los gentiles, él optaba por usar su nombre gentil con más frecuencia mientras viajaba más lejos en ese mundo.

EL VIAJE A DAMASCO

Aunque la iglesia de Damasco de hecho ya se había formado cuando Pablo se dirigía a esa ciudad, hay razones para creer que había creyentes allí incluso cuando Jesús todavía estaba en la tierra. Como capital de Siria y como la ciudad habitada más antigua del mundo, y dada su proximidad a Jerusalén, a unos 209 kilómetros (130 mi) al nororiente, no es de sorprender que la ciudad de Damasco haya sido uno de los primeros bastiones de la iglesia. Tampoco fue una gran sorpresa que, después de perseguir a la iglesia en Jerusalén, Pablo haya puesto su mirada en Damasco. Algunos cristianos de Jerusalén habían huido a Damasco para escapar de la persecución. Así que Pablo se dirigía hacia Damasco para llevar de vuelta a esos refugiados, con el fin de que enfrentaran el castigo.

Pablo partió hacia Damasco para capturar a los seguidores de Jesús. De camino, como él mismo testificó: «Cristo Jesús primeramente me hizo suyo» (Filipenses 3:12). Una gran luz brilló desde el cielo, Pablo cayó al suelo, y el Jesús resucitado le reveló la verdad:

> Yo soy Jesús, ¡a quien tú persigues!
>
> HECHOS 9:5

Tras quedar ciego físicamente por la experiencia, Pablo llegó a Damasco, donde el Señor dirigió a un cristiano llamado Ananías para que buscara a Pablo y le restaurara la vista. Aunque a Pablo se le restauró la vista física, en realidad, su vista espiritual fue la que marcó la gran diferencia. Pablo llegaría a convertirse en una fuerza que, como discípulo de Jesús, influyó en el mundo en favor de Dios.

Años después, él miraría hacia atrás y escribiría lo siguiente sobre su antigua y su nueva vida:

> Fui miembro de los fariseos, quienes exigen la obediencia más estricta a la ley judía. Era tan fanático que perseguía con crueldad a la iglesia, y en cuanto a la justicia, obedecía la ley al pie de la letra. Antes creía que esas cosas eran valiosas, pero ahora considero que no tienen ningún valor debido a lo que Cristo ha hecho.
>
> FILIPENSES 3:5-7

Pablo antes y después de su encuentro con Jesús

ANTES	DESPUÉS
Aprobó el asesinato de un cristiano llamado Esteban (Hechos 8:1).	Aceptó la ayuda de un cristiano llamado Ananías (Hechos 9:17).
«Pronunciaba amenazas en cada palabra y estaba ansioso por matar a los seguidores del Señor» (Hechos 9:1).	«Comenzó a predicar acerca de Jesús en las sinagogas, diciendo: "¡Él es verdaderamente el Hijo de Dios!"» (Hechos 9:20).
Buscaba la cooperación de las sinagogas para poder perseguir a los seguidores de Jesús (Hechos 9:1-2).	Iba a las sinagogas para demostrar «que Jesús de verdad era el Mesías» (Hechos 9:20, 22).

LOS AÑOS «PERDIDOS» DE PABLO

Pasaron casi diez años entre el encuentro de Pablo con Jesús, en el camino a Damasco, y el comienzo del primer viaje misionero formal de Pablo. Aunque el libro de los Hechos guarda silencio sobre gran parte de ese intervalo, obtenemos cierta información de ese período «perdido» en la carta de Pablo a los gálatas.

Según esa carta, parecería que Pablo no fue a Jerusalén de inmediato después de escapar de una conspiración contra su vida en Damasco (Hechos 9:23-26). De hecho, pasaron tres años. Pablo viajó primero a Arabia, luego regresó a Damasco (Gálatas 1:15-18). Es probable que Pablo también haya predicado en Arabia, a pesar de que el rey Aretas IV de la Arabia nabatea (en el norte) había sido parte de la conspiración para apresar a Pablo en Damasco (2 Corintios 11:32-33). Es probable que las acciones de Aretas hayan sido motivadas por el hecho de que él era el suegro de Herodes Antipas, quien gobernó Galilea durante la época de Jesús y cuya muerte se describe de forma gráfica en Hechos 12:20-23.

Después de su permanencia en Arabia y Damasco, Pablo fue a Jerusalén, pero los líderes de la iglesia aún no confiaban plenamente en él:

> Cuando Saulo llegó a Jerusalén, trató de reunirse con los creyentes, pero todos le tenían miedo. ¡No creían que de verdad se había convertido en un creyente! HECHOS 9:26

Es en este preciso momento cuando Bernabé llega a ser una figura importante en el libro de los Hechos. Hechos 4:36 nos lo presenta como José, apodado Bernabé (o «hijo de ánimo»), un levita de Chipre. Bernabé, después de haber vendido un campo, «llevó el dinero a los apóstoles» (Hechos 4:37) para que los fondos se distribuyeran entre los pobres. En Hechos 9, defendió a Pablo, al relatar todo lo que le había sucedido a Pablo en el camino a Damasco y cómo «en Damasco, [Pablo] había predicado con valentía en el nombre de Jesús» (Hechos 9:27). Pablo finalmente fue aceptado después de que Bernabé abogó por él. En algún momento durante ese período, Pablo se quedó con el apóstol Pedro durante quince días, y también se reunió con Santiago, el hermano de Jesús (Gálatas 1:18-19).

Pablo se puso a predicar en Jerusalén y, una vez más, recibió amenazas de muerte, por lo que se vio obligado a escapar, primero a Cesarea y, finalmente, a Tarso, su ciudad natal (Hechos 9:28-30). Hasta ese momento, el relato bíblico de la vida de Pablo permanece en silencio durante varios años. Todo lo que sabemos acerca de ese tiempo proviene de la carta de Pablo a los gálatas, en la que escribió que los apóstoles de lo único que se habían enterado era del siguiente informe:

> ¡El que antes nos perseguía ahora predica la misma fe que trataba de destruir!
>
> GÁLATAS 1:23

El relato de la vida de Pablo se retoma en Hechos 11, después de que unos hombres de Chipre y Cirene les predicaron a los gentiles de Antioquía de Siria y, como resultado, «un gran número de estos gentiles creyó y se convirtió al Señor» (Hechos 11:21). La iglesia de Jerusalén envió a Bernabé a Antioquía. Bernabé, a su vez, fue a buscar a Pablo a Tarso y «los dos se quedaron allí con la iglesia durante todo un año, enseñando a grandes multitudes» (Hechos 11:26).

Durante ese tiempo, se predijo una gran hambruna en Jerusalén. Así que la iglesia de Antioquía decidió enviar ayuda. Los demás creyentes al parecer confiaban inmensamente en Bernabé y Pablo, porque les dieron la responsabilidad de entregar los fondos que habían recaudado para quienes padecían necesidad en Jerusalén. Ese «servicio» (o «misión») es al que se refiere Hechos 12:25.

LOS PRIMEROS VIAJES DE PABLO

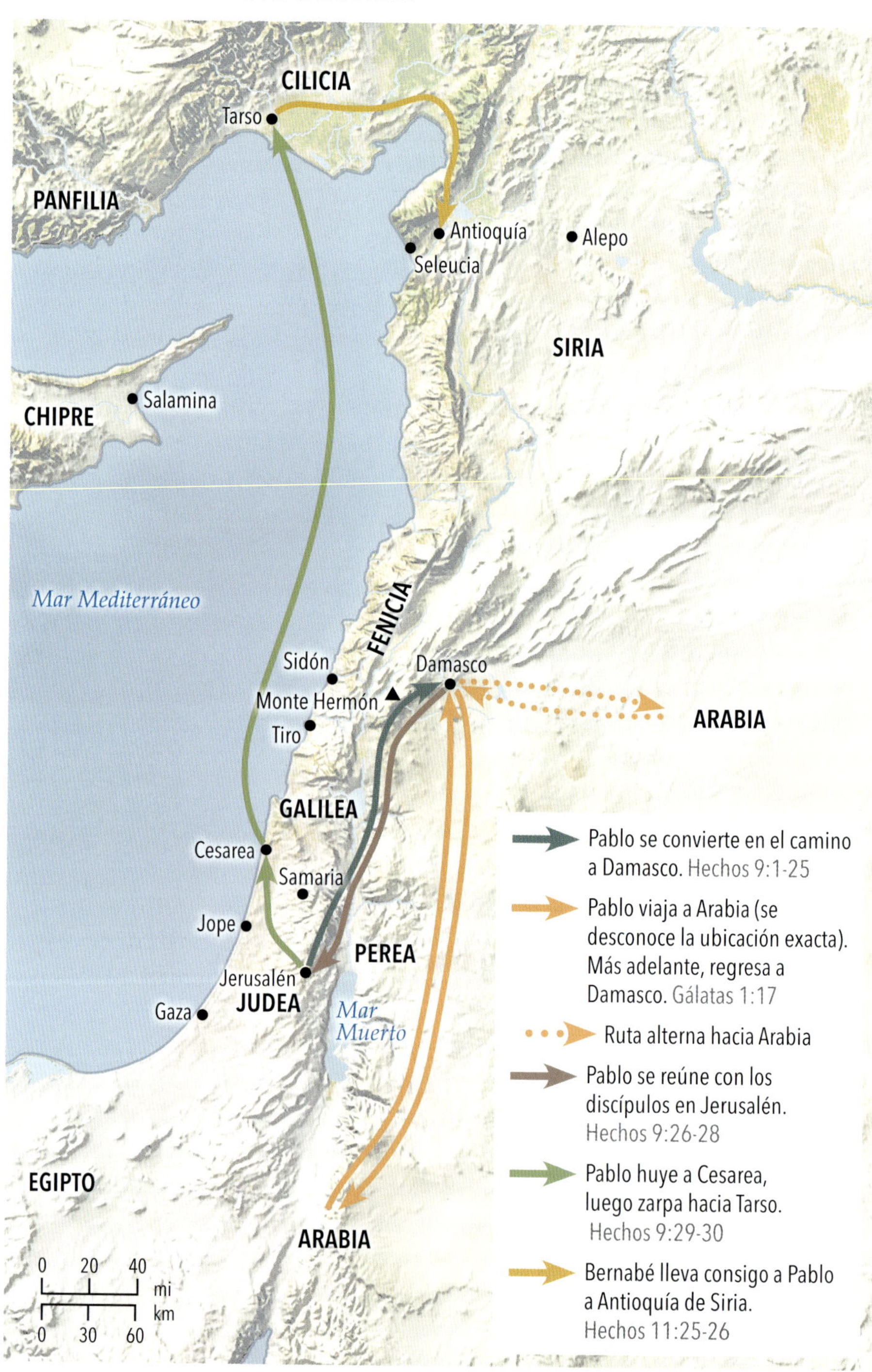

LA MISIÓN DE PABLO

Pablo tenía un llamado divino. Su objetivo personal había sido poner fin al evangelio de Jesús, pero la misión que Dios le dio era difundir el evangelio en el mundo. En Gálatas, Pablo les recuerda a los creyentes:

> Pero aun antes de que yo naciera, Dios me eligió y me llamó por su gracia maravillosa. Luego le agradó revelarme a su Hijo para que yo proclamara a los gentiles la Buena Noticia acerca de Jesús.
>
> GÁLATAS 1:15-16

En Antioquía de Siria, el Espíritu Santo se manifestó en medio de los profetas y maestros de la iglesia, y les dijo que «designaran» a Pablo y Bernabé para una obra misionera especial (Hechos 13:1-3). Así lo hicieron.

Luego de partir de Antioquía, la primera parada de Pablo en su primer viaje misionero formal fue la isla de Chipre, donde visitó dos lugares: Salamina y Pafos. En la ciudad de Salamina, Pablo y Bernabé comenzaron a predicar en las sinagogas, como era la costumbre de Pablo, sobre todo porque había muy pocas iglesias establecidas al principio de su ministerio. A diferencia de los relatos posteriores de Hechos, no se menciona que alguien haya respondido al mensaje de Pablo, quizás porque nadie lo hizo.

Parque Arqueológico de Pafos, Chipre

Al llegar a Pafos, se encontraron con un hechicero llamado Barjesús (o Elimas), quien era consejero del gobernador Sergio Paulo. Si consideramos la respuesta del gobernador más adelante en el capítulo 13 y el hecho de que el hechicero era judío, es muy posible que el gobernador ya tuviera algún interés en las Escrituras hebreas. Sin embargo, en lugar de que el gobernador resultara cegado respecto a la fe, como había pretendido el hechicero del gobernador (Hechos 13:8), el hechicero mismo quedó ciego cuando Pablo pronunció juicio contra él. Como resultado, la propia ceguera espiritual del gobernador desapareció, y creyó en el Señor.

Cuando Pablo llegó a Antioquía de Pisidia, una vez más la sinagoga fue el lugar que escogió para comenzar a predicar. En esta ocasión se menciona una respuesta, lo cual se convertiría en un patrón familiar para Pablo y aquellos que estaban con él: tanto los judíos como especialmente los gentiles creían en Cristo. Algunos judíos (a menudo los que estaban en el liderazgo), sin embargo, incitaban a la persecución. Esos perseguidores de Antioquía lograron expulsar a Pablo y Bernabé, pero los apóstoles no se inquietaron:

> Ellos se sacudieron el polvo de sus pies en señal de rechazo y se dirigieron a la ciudad de Iconio.
>
> HECHOS 13:51

Vemos ese patrón a lo largo de los viajes misioneros de Pablo:

- Algunas personas creían en el mensaje del evangelio.
- Otras lo descartaban o lo ignoraban.
- Otras se oponían rotundamente.

La misión de Pablo, al igual que la misión de todos los creyentes, era testificar acerca de la Buena Noticia de Jesucristo. Si la ceguera espiritual de la gente desaparecía o no, dependía de Dios. Como Pablo le escribiría muchos años después a un joven pastor llamado Timoteo:

> Nunca te avergüences de contarles a otros acerca de nuestro Señor, ni te avergüences de mí, aun cuando estoy preso por él. Con las fuerzas que Dios te da prepárate para sufrir conmigo a causa de la Buena Noticia. Pues Dios nos salvó y nos llamó para vivir una vida santa. No lo hizo porque lo merecíéramos, sino porque ese era su plan desde antes del comienzo del tiempo, para mostrarnos su gracia por medio de Cristo Jesús.
>
> 2 TIMOTEO 1:8-9

EL PRIMER VIAJE MISIONERO DE PABLO

Viajeros: Pablo, Bernabé, Juan Marcos
Distancia: 2300 kilómetros (1400 mi)
Fechas: 47–49 d. C.

- **Antioquía de Siria:** El Espíritu Santo envió a Pablo y Bernabé como misioneros. Juan Marcos los acompañó como su ayudante. Hechos 13:1-4

- **Pafos:** Pablo se enfrentó a un hechicero, y lo dejó ciego. Hechos 13:5-12

- **Perge:** Juan Marcos dejó el grupo y regresó a Jerusalén. Hechos 13:13

- **Antioquía de Pisidia:** Pablo predicó su sermón más largo del que haya registro, de modo que muchos llegaron a ser creyentes. Los líderes judíos expulsaron a Pablo y Bernabé de la ciudad, en tanto que el Señor llamaba a Pablo a enfocar su ministerio en los gentiles. Hechos 13:14-52

- **Iconio:** Una conspiración para lapidar a Pablo y Bernabé los obligó a huir de la ciudad. Hechos 14:1-7

Las fechas y distancias de todos los viajes de Pablo son aproximadas; las rutas de viaje pueden variar.

- **Listra:** Cuando Pablo sanó a un hombre cojo, la gente del pueblo pensó que él y Bernabé eran dioses griegos. Los judíos de Antioquía e Iconio incitaron a la multitud, por lo que lapidaron a Pablo y lo dieron por muerto fuera de la ciudad. Sin embargo, él sobrevivió y regresó a la ciudad. Hechos 14:8-20
- **Derbe:** Muchos discípulos se agregaron a la iglesia. Hechos 14:20-21
- **De Derbe a Antioquía de Siria:** En el viaje de regreso, Pablo y Bernabé designaron ancianos en las iglesias que habían plantado. Hechos 14:21-25
- **Antioquía de Siria:** Pablo y Bernabé relataron todo lo que Dios había hecho. Hechos 14:26-28

Antioquía de Pisidia

Pablo y sus compañeros viajaron a lo largo de la carretera imperial Via Sebaste, que los hizo subir más de 1100 metros hasta Antioquía de Pisidia (que no debe confundirse con Antioquía de Siria, que era la base de operaciones de Pablo). Antioquía estaba en una elevada cuenca central de Asia Menor. Constituía un importante centro político para Roma, por lo que floreció económicamente gracias a las rutas comerciales que convergían en esa ciudad. En honor al emperador que había invertido tanto dinero en la ciudad, los ciudadanos construyeron un templo a Augusto en el corazón de la ciudad.

Ruinas en Antioquía de Pisidia, Turquía

EL CONCILIO DE JERUSALÉN

A estas alturas de Hechos, Pablo ha concluido su primer viaje misionero donde comenzó: Antioquía de Siria. Allí, Pablo y Bernabé les dieron a los creyentes las maravillosas noticias de su viaje, de cómo Dios les «había abierto la puerta de la fe a los gentiles» (Hechos 14:27). Esa afluencia de cristianos gentiles a las recién formadas iglesias en crecimiento, las cuales en gran medida se habían constituido de cristianos judíos, provocó que discutieran «con vehemencia» (Hechos 15:2). Esa disputa requirió que todos los involucrados llegaran a una resolución pacífica y, aun así, se mantuvieran fieles a Jesús en el proceso.

Como ya hemos visto en Hechos, Pablo enfrentó una considerable oposición de los judíos incrédulos al principio de su ministerio. Sin embargo, la siguiente fase del ministerio de Pablo introduciría un nuevo giro: la oposición de los judíos cristianos. Cerca del final del primer viaje misionero de Pablo, un grupo conocido como los judaizantes se infiltró fuertemente en las iglesias que Pablo acababa de establecer en la provincia de Galacia, de modo que comenzaron a cambiar la doctrina de la iglesia. Esos judaizantes eran cristianos profesos que, pese a todo, insistían en que los demás cristianos siguieran las leyes del judaísmo. Insistían en que la circuncisión y el cumplimiento de la ley mosaica eran esenciales para la salvación. Trataban de imponer sus normas tanto a los conversos gentiles como a los conversos judíos. La doctrina de los judaizantes contradecía todo lo que Pablo les había estado predicando a los gálatas acerca de su nueva libertad en Cristo. Sugería que el sacrificio de Cristo en la cruz no era suficiente, ¡así que Pablo no quería tener nada que ver con eso!

Escribió a los gálatas la primera de sus epístolas de la Biblia, en la que les presentó este claro argumento: «Sabemos que una persona es declarada justa ante Dios por la fe en Jesucristo y no por la obediencia a la ley» (Gálatas 2:15-16). Esta carta muestra a Pablo en su momento de máximo enojo. Acababa de terminar de plantar esas jóvenes iglesias y de establecer el liderazgo en ellas, y ahora resulta que otros trataban de corromperlas y destruirlas.

> Estoy horrorizado de que ustedes estén apartándose tan pronto de Dios, quien los llamó a sí mismo por medio de la amorosa misericordia de Cristo. Están siguiendo un evangelio diferente, que aparenta ser la Buena Noticia,

> pero no lo es en absoluto. Están siendo engañados por los que a propósito distorsionan la verdad acerca de Cristo. Si alguien —ya sea nosotros o incluso un ángel del cielo— les predica otra Buena Noticia diferente de la que nosotros les hemos predicado, que le caiga la maldición de Dios
>
> GÁLATAS 1:6-8

De hecho, para enfatizar la pasión de su mensaje, Pablo tomó la pluma de su escriba y él mismo escribió el final de la carta, con letras grandes (Gálatas 6:11).

Designaron a Pablo y Bernabé para que fueran a Jerusalén a reunirse con los apóstoles y ancianos para resolver ese problema. Esa reunión ha llegado a conocerse como el concilio de Jerusalén. Lo importante en ese momento era defender la libertad del pecado y la salvación que Cristo había provisto, mientras que, al mismo tiempo, se mantuviera la unidad dentro de la iglesia. Después de mucha discusión, el apóstol Pedro declaró acerca de los judaizantes lo siguiente: «¿Por qué ahora desafían a Dios al poner cargas sobre los creyentes gentiles con un yugo que ni nosotros ni nuestros antepasados pudimos llevar?» (Hechos 15:10).

El concilio había tomado una decisión. La resolución, la cual Santiago declaraba por primera vez, fue «que no debemos ponerles obstáculos a los gentiles que se convierten a Dios. Al contrario, deberíamos escribirles y decirles que se abstengan de comer alimentos ofrecidos a ídolos, de inmoralidad sexual, de comer carne de animales estrangulados y de consumir sangre» (Hechos 15:19-20). El punto principal para los creyentes, tanto judíos como gentiles, era que la libertad en Cristo significaba vivir en Cristo. Eso implicaba evitar todas las cosas y prácticas que honraban a otros dioses, porque hacerlo hubiera deshonrado al único Dios verdadero. Pablo plantearía la misma cuestión años más adelante, en su carta a los Romanos:

> Ahora bien, ¿eso significa que podemos seguir pecando porque la gracia de Dios nos ha liberado de la ley? ¡Claro que no! [...] Antes ustedes eran esclavos del pecado pero, gracias a Dios, ahora obedecen de todo corazón la enseñanza que les hemos dado. Ahora son libres de la

esclavitud del pecado y se han hecho esclavos de la vida recta.

ROMANOS 6:15-18

Aunque el concilio de Jerusalén ayudó a dejarles claro a los creyentes lo que en realidad significaba ser libres en y vivir en Cristo, los judaizantes continuarían en su oposición a la misión de Pablo.

Antioquía de Siria

Debido a la persecución en Jerusalén, muchos de los primeros creyentes huyeron de la ciudad y «viajaron tan lejos como Fenicia, Chipre y Antioquía de Siria. Predicaban la palabra de Dios, pero solo a judíos» (Hechos 11:19). Otros, sin embargo, se marcharon a Antioquía de Siria y no tardaron en compartir el evangelio entre los gentiles. Desde sus primeros días, la iglesia de Antioquía fue una iglesia mixta, formada de judíos y gentiles por igual.

Antioquía también fue la base de operaciones de Pablo. La ciudad gozaba de una posición más estratégica que Jerusalén. Las rutas terrestres del norte, oriente y sur se canalizaban a través de Antioquía y encontraban con facilidad conexiones con el mar. Roma comprendía la importancia de esas rutas y las protegió al financiar allí extensos proyectos de construcción. Con el tiempo, Antioquía llegó a convertirse en una de las ciudades más grandes del Imperio romano.

Camino romano que unía Antioquía y Calcis

SEGUNDO Y TERCER VIAJE MISIONERO DE PABLO

El segundo viaje misionero de Pablo lo llevó mucho más lejos que el primero. Después de un desacuerdo con Bernabé en cuanto a la conveniencia o no de que Juan Marcos se uniera a ellos, Pablo emprendió su segundo viaje misionero, aunque esta vez con la compañía de Silas. Pablo y Silas se encaminaron hacia Asia Menor y viajaron por tierra rumbo al norte para volver a visitar las iglesias de Asia Menor; esta era una ruta terrestre que incluía una pendiente de más de 2000 metros para llegar a Derbe. Luego partieron hacia Macedonia y después hacia Grecia. En ese viaje se destaca el famoso sermón de Pablo a los filósofos de Atenas, Grecia, en la colina de Marte, donde les predicó lo siguiente:

> Hombres de Atenas, veo que ustedes son muy religiosos en todo sentido, porque mientras caminaba observé la gran cantidad de lugares sagrados. Y uno de sus altares tenía la siguiente inscripción: «A un Dios Desconocido». Este Dios, a quien ustedes rinden culto sin conocer, es de quien yo les hablo.
>
> HECHOS 17:22-23

Dándole forma a su mensaje para una multitud en particular, Pablo predicó la Buena Noticia de la resurrección de Cristo. Aunque eso logró que algunos miembros de la élite se burlaran, otros llegaron a ser creyentes. Poco a poco, dondequiera que Pablo iba, la iglesia crecía.

Vista de Atenas desde la colina de Marte

EL SEGUNDO VIAJE MISIONERO DE PABLO

Viajeros: Pablo, Silas, Timoteo, Lucas, Priscila y Aquila
Distancia: 4500 kilómetros (2800 mi)
Fechas: 49–51 d. C.

- **Antioquía de Siria:** Pablo y Bernabé no estuvieron de acuerdo en cuanto a quién debería ir con ellos. Bernabé se llevó a Juan Marcos con él a Chipre. Pablo se llevó a Silas. Hechos 15:36-40

- **Cilicia:** Pablo y Silas entregaron una carta de la iglesia de Jerusalén. Hechos 15:41 (Hechos 15:22-29)

- **Listra:** Timoteo se unió a ellos. Hechos 16:1-7

- **Troas:** Pablo viajó a Macedonia después de haber tenido una visión de un hombre de allí. Hechos 16:8-10

- **Filipos:** Lidia se convirtió en cristiana. Cuando una esclava adivina también se convirtió en cristiana, sus dueños causaron un disturbio. Entonces encarcelaron a Pablo y Silas. El carcelero también llegó a ser creyente. Hechos 16:11-40

- **Tesalónica:** Una turba en Tesalónica intentó que arrestaran a Pablo y Silas. Hechos 17:1-9
- **Berea:** Silas y Timoteo se quedaron en Berea mientras Pablo siguió adelante. Hechos 17:10-15
- **Atenas:** Pablo vio un altar a un dios desconocido y predicó a los filósofos en el Areópago (colina de Marte). Hechos 17:16-34
- **Corinto:** Silas y Timoteo se reunieron con Pablo. Allí conocieron a Priscila y Aquila, quienes también se unieron a él. Hechos 18:1-17
- **Cencrea:** Pablo se cortó el pelo porque había hecho un voto. Hechos 18:18
- **Éfeso:** Pablo estableció una iglesia y dejó a Priscila y Aquila para que la cuidaran. Hechos 18:19-21
- **Antioquía de Siria:** Pablo regresó a su base de operaciones en Antioquía vía Jerusalén. Hechos 18:22

No mucho después de la conclusión de su segundo viaje, Pablo salió de nuevo. Recorrió regiones similares a las de su segundo viaje y, así, pasó a visitar las iglesias en crecimiento que había plantado con anterioridad. En este viaje, Pablo dedicó alrededor de dos años en el fortalecimiento de una iglesia ya establecida en una ciudad muy importante, la ciudad de Éfeso.

Éfeso era una de las ciudades más grandes del Imperio romano y una de las ciudades portuarias más relevantes del mar Egeo. Su templo para la diosa Artemisa (Diana), que medía cerca de 129 metros de largo, 61 metros de ancho y 18 metros de alto (425 x 200 x 60 pies), y que estaba sostenido por 127 columnas, fue una de las siete maravillas del mundo antiguo. Esta ciudad portuaria tenía una floreciente industria turística, con artesanos que creaban recuerdos de Artemisa para que los visitantes se los llevaran a casa. Éfeso constituía tanto un lugar de peregrinación como un importante centro bancario de Asia Menor. También se destacaba por ser una ciudad impregnada de superstición y prácticas ocultas. Cuando Pablo llegó a Éfeso, la ciudad ya dependía más del comercio turístico religioso que del tráfico portuario, ya que el puerto había comenzado a llenarse de fango.

Al principio, Pablo predicó el evangelio en las sinagogas de Éfeso, luego en las salas de conferencias públicas. Dios obró grandes milagros por medio de

Pablo en Éfeso, de manera que, «cuando ponían sobre los enfermos pañuelos o delantales que apenas habían tocado la piel de Pablo, quedaban sanos de sus enfermedades y los espíritus malignos salían de ellos» (Hechos 19:12). Es probable que esos pañuelos y delantales fueran utilizados por los artesanos de Éfeso que habían llegado a creer en Cristo. Debido a esa explosión de milagros, algunos exorcistas judíos itinerantes, los cuales afirmaban ser capaces de expulsar espíritus malignos, vieron una oportunidad de negocio. Entre ellos estaban los siete hijos del llamado «sacerdote principal» Esceva, quienes trataron de cambiar su modelo de negocio con la expulsión de los espíritus malignos en el nombre de Jesús. Al usar el nombre de Jesús como una palabra mágica, fracasaron rotundamente contra un demonio. De hecho, el espíritu maligno los venció, por lo que «huyeron de la casa, desnudos y golpeados» (Hechos 19:16). Sin embargo, Dios tiene una manera de tomar los esfuerzos humanos en pervertir el evangelio y convertirlos en un catalizador para difundir aún más el verdadero evangelio. La noticia de ese incidente conmocionó a los efesios. Muchos «que practicaban la hechicería, trajeron sus libros de conjuros y los quemaron en una hoguera pública. El valor total de los libros fue de cincuenta mil monedas de plata» (Hechos 19:19). (Una moneda de plata equivalía aproximadamente al salario de un día). Es probable que esos rollos estuvieran hechos de papiro o pergamino, por lo que cabe la posibilidad de que su alto valor tuviera poco que ver con la calidad de su confección, sino más bien con su supuesto contenido mágico. La salvación en Cristo era mucho más valiosa para esos nuevos conversos de Éfeso que sus rollos «mágicos».

Ruinas del templo de Artemisa cerca de Éfeso

El rápido crecimiento del cristianismo en Éfeso resultó ser un serio problema para los plateros de la ciudad, los cuales dependían del comercio turístico religioso que generaba el templo de Artemisa. El poder del evangelio no solo contribuía a que cambiara la identidad religiosa de Éfeso, sino que también perjudicaba los negocios, por lo que se produjo un disturbio. Quedó claro que había llegado la hora de que Pablo dejara la ciudad en la que había invertido tanto tiempo.

EL TERCER VIAJE MISIONERO DE PABLO

Viajeros: Pablo, Timoteo, Lucas y otros
Distancia: 4300 kilómetros (2700 mi)
Fechas: 52–57 d. C.

- **Galacia y Frigia:** Pablo visitó iglesias en esa región. Hechos 18:23
- **Éfeso:** Pablo se quedó en Éfeso dos años. Tanta gente se convirtió al cristianismo que los plateros que fabricaban ídolos iniciaron un disturbio. Hechos 19:1-41
- **Macedonia y Grecia:** Pablo dio palabras de aliento a los creyentes de esa región. Se quedó allí tres meses. Hechos 20:1-3
- **Troas:** Mientras Pablo predicaba, un joven se quedó dormido, se cayó de una ventana del tercer piso y murió. Pablo lo resucitó. Hechos 20:4-12
- **Mileto:** Los ancianos de Éfeso esperaron el barco de Pablo en Mileto, y Pablo les advirtió que anticipaba que lo encarcelarían en Jerusalén. Hechos 20:13-38
- **Tiro:** Los creyentes le aconsejaron a Pablo que no continuara su viaje a Jerusalén. Hechos 21:1-6

- **Cesarea:** Un profeta predijo que a Pablo lo encarcelarían y lo entregarían a los gentiles. Hechos 21:7-16

- **Jerusalén:** Pablo y su equipo se presentaron ante los líderes de la iglesia, quienes instaron a Pablo a participar en un ritual de purificación en el templo para acallar los rumores de que el cristianismo era antijudío. Hechos 21:17-26

PABLO EN JERUSALÉN

Hacer lo correcto puede resultar difícil, en especial cuando todos sus amigos bien intencionados le aconsejan que no lo haga. Esa era la situación a la que Pablo se enfrentó cuando decidió ir a Jerusalén. Con un discurso de despedida a los ancianos de la iglesia de Éfeso, Pablo se dirigió hacia Jerusalén, sin saber «lo que [le esperaba] allí» (Hechos 20:22). Sin embargo, el Espíritu Santo lo había obligado a ir. ¿Cómo podía negarse a la dirección del Espíritu? No podía. De hecho, se había decidido a «terminar la tarea que [le] asignó el Señor Jesús» (Hechos 20:24).

A medida que completaba su tercer viaje misionero, y al igual que Jesús antes de su muerte, cuando «salió con determinación hacia Jerusalén» (Lucas 9:51), en repetidas ocasiones, profetas y otros discípulos le advirtieron a Pablo acerca de los peligros que le esperaban. Cuando estaba en Tiro de camino a Jerusalén, Pablo y sus acompañantes (entre los cuales estaba Lucas, el autor del libro de Hechos) buscaron a los discípulos allí y se quedaron durante siete días.

> Estos creyentes profetizaron por medio del Espíritu Santo, que Pablo no debía seguir a Jerusalén.
>
> HECHOS 21:4

Esto plantea una cuestión de interés: ¿Desobedeció Pablo al Espíritu al continuar hacia Jerusalén? La respuesta corta es no. En Hechos 20, el Espíritu ya le había dicho a Pablo que fuera a Jerusalén:

> Ahora estoy obligado por el Espíritu a ir a Jerusalén. No sé lo que me espera allí, solo que el Espíritu Santo me dice en ciudad tras ciudad que me esperan cárcel y sufrimiento.
>
> HECHOS 20:22-23

Aunque Pablo no sabía exactamente lo que le sucedería en Jerusalén, entendía que le esperaba cautiverio y persecución. Es probable que, cuando el Espíritu les hubo confirmado eso a los discípulos, ellos reaccionaran de manera muy parecida a como lo hizo Pedro por primera vez cuando Jesús les anticipó a sus discípulos que iba a Jerusalén para que lo asesinaran (Mateo 16:21-23). Su reacción se debió al temor y a la preocupación por su líder más que a la fe en la soberanía de Dios en el asunto.

En Cesarea, Pablo se quedó con Felipe, «uno de los siete», quien años antes había sido elegido para supervisar un ministerio de distribución de alimentos en Jerusalén (Hechos 6:1-6; 21:8). Vale la pena recordar que Esteban, cuya lapidación Pablo había aprobado en su momento, también era uno de los siete (Hechos 8:1). Al parecer, Felipe había perdonado a Pablo por su participación en el asesinato de Esteban. También en Cesarea, el profeta Ágabo predijo el arresto y encarcelamiento de Pablo, por lo que los discípulos, al parecer incluso Lucas, le rogaron a Pablo, una vez más, que no continuara. A pesar de todo, Pablo respondió:

> «¿Por qué todo este llanto? ¡Me parten el corazón! Yo estoy dispuesto no solo a ser encarcelado en Jerusalén, sino incluso a morir por el Señor Jesús». Al ver que era imposible convencerlo, nos dimos por vencidos y dijimos: «Que se haga la voluntad del Señor».
>
> HECHOS 21:13-14

La mayor preocupación de Pablo no se enfocaba en los peligros y el sufrimiento que enfrentaría, sino en seguir a Jesús, sin importarle el costo que le representaba.

Al llegar a Jerusalén, los hermanos recibieron a Pablo, y después Santiago y los ancianos también lo hicieron (Hechos 21:17-18). Habían pasado cerca de ocho años desde la visita anterior de Pablo a Jerusalén, en ocasión de la celebración del concilio de Jerusalén. En todo ese tiempo, Dios había usado grandemente a Pablo entre los gentiles, por lo que, cuando Pablo compartió con la iglesia de Jerusalén todo lo que Dios había hecho, «alabaron a Dios» (Hechos 21:20).

Cerca del final de su purificación voluntaria, Pablo entró de nuevo en el templo de Jerusalén. Al ver a Pablo, «unos judíos de la provincia de Asia [...] incitaron a una turba en su contra. Lo agarraron» y lo acusaron de haber llevado al templo con él a Trófimo el efesio, uno de sus compañeros de viaje (Hechos 21:27-29). Tal acusación iba en contra de la purificación a la que Pablo con gran disposición se había sometido por amor a los demás judíos, pero quedó claro que la multitud estaba dispuesta a creer esa calumnia contra Pablo.

El arresto de Pablo, basílica de San Pablo

Arrastraron a Pablo fuera del templo. La turba lo golpeó hasta que el ejército romano llegó y lo encadenó. Entonces, como «la turba se puso tan violenta» (Hechos 21:35), los soldados se vieron obligados a sacarlo físicamente cargado. Antes de que se lo llevaran al cuartel, sin embargo, pidió permiso para dirigir unas palabras a la multitud. No fue un milagro menor que en ese momento toda la muchedumbre se quedara en silencio. De pie frente a sus propios perseguidores, Pablo compartió su testimonio con aquella audiencia hostil. En su oportunidad, él también había sido perseguidor de los cristianos en Jerusalén, antes de su encuentro con Cristo. Incluso mencionó su propia participación en el asesinato de Esteban, antes de que hiciera esta declaración (al igual que Esteban) que llevó a la audiencia hostil al límite de su furia: «El Señor me dijo: "¡Ve, porque yo te enviaré lejos, a los gentiles!"» (Hechos 22:21). Ante tales palabras, «gritaron, arrojaron sus abrigos y lanzaron puñados de polvo al aire. [Entonces,] el comandante llevó a Pablo adentro y ordenó que lo azotaran con látigos para hacerlo confesar su delito» (Hechos 22:23-24). Frente a esto, Pablo declaró su ciudadanía romana al centurión con esta pregunta: «¿Es legal que azoten a un ciudadano romano que todavía no ha sido juzgado?» (Hechos 22:25). Obviamente la respuesta era que no. Sus interrogadores se detuvieron.

Aun así, las dificultades a las que Pablo se enfrentó no se detuvieron. A Pablo lo juzgaron ante el Concilio Supremo y luego ante Félix, el gobernador. El mensaje de Pablo «acerca de la justicia, el control propio y el día de juicio que vendrá» hizo que Félix tuviera miedo, por lo que mandó a Pablo a la cárcel (Hechos 24:25).

Paralelos entre las entradas finales de Jesús y Pablo a Jerusalén

JESÚS	PABLO
Jesús decidió ir a Jerusalén, a pesar de los peligros que sabía que le esperaban (Lucas 9:51; 13:33).	Obligado por el Espíritu, Pablo fue a Jerusalén, a pesar de los peligros que sabía que le esperaban (Hechos 19:21; 20:22-23; 21:8-14).
Jesús llegó a Jerusalén, grandes multitudes lo recibieron y fue al templo poco después (Lucas 19:28-48). Una turba judía arrestó a Jesús y luego lo entregó al gobernador romano para que lo juzgaran (Lucas 22:47-54; 23:1-25).	Pablo llegó a Jerusalén, los discípulos lo recibieron allí y, poco después, fue al templo (Hechos 21:17-26). Una turba judía que quería matar a Pablo lo capturó, así que, más adelante, lo juzgaron ante los gobernadores romanos (Hechos 21:30-36; 23:23-26).
Durante el interrogatorio, uno de los oficiales del sumo sacerdote golpeó a Jesús en la cara (Juan 18:22-23).	El sumo sacerdote les ordenó a aquellos que estaban cerca que golpearan a Pablo en la boca (Hechos 23:2-5).
Los saduceos, los cuales no creían en la resurrección, interrogaron a Jesús (Lucas 20:27-38).	Pablo enfrentó a los fariseos contra los saduceos con respecto a la resurrección (Hechos 23:6-9).
En la Última Cena, Jesús tomó pan, lo bendijo, lo partió y se lo dio a comer a los discípulos (Mateo 26:26-28; Lucas 22:15-20).	Cuando se dirigía a Roma, Pablo tomó pan, dio gracias, lo partió y lo comió (Hechos 27:35).

Poco después de su arresto en Jerusalén, el Señor se le apareció a Pablo y le dijo: «Ten ánimo, Pablo. Así como has sido mi testigo aquí en Jerusalén, también debes predicar la Buena Noticia en Roma» (Hechos 23:11). Mientras esperaba en la cárcel de Cesarea durante dos años, Pablo sabía que su historia no terminaría ahí; iría a Roma.

Cuando Festo, el nuevo gobernador, llegó a Cesarea, Pablo hizo algo sorprendente: apeló su caso a César. A lo que Festo respondió: «¡Al César irás!» (Hechos 25:12). Así comenzó el largo viaje de Pablo a Roma, en el que él y sus compañeros de viaje sobrevivieron a una terrible tormenta, se perdieron en el mar y, por último, naufragaron en la isla de Malta.

Pablo finalmente llegó a Roma, como lo había deseado y como el Señor le había revelado. Pero llegó encadenado. Permaneció durante dos años en Roma bajo arresto domiciliario y custodiado.

La misión más amplia de Pablo

Se nos plantea una pregunta curiosa en cuanto al incidente de Hechos 21:20-26. ¿Por qué Pablo, quien había estado predicando la libertad en Cristo, decidió cumplir los ritos religiosos judíos de purificación en Jerusalén?

Vale la pena señalar que esa no era la primera vez que Pablo había hecho (o solicitado) algo así. Vimos que, en Cencrea, Pablo se había cortado el cabello porque estaba bajo un voto (Hechos 18:18). Se cree, por lo general, que el texto se refiere al voto de un nazareo, un voto voluntario de separación para el Señor (Números 6:1-21). Más radical aún es el hecho de que Pablo circuncidó al gentil Timoteo poco después del Concilio de Jerusalén, «por respeto a los judíos de la región, [...] ya que todos sabían que su padre era griego» (Hechos 16:3).

A primera vista, parecería que esos incidentes no estaban en consonancia con lo que Pablo enseñaba, pero se alineaban perfectamente con su misión más amplia. Pablo no hubiera querido ir al extremo de ofender a los demás judíos, incluso cuando les predicaba con claridad que tales ritos no eran, de ninguna manera, necesarios para la salvación. La razón más clara de esas acciones se puede ver en la primera carta de Pablo a los corintios, la cual escribió poco antes de su llegada a Jerusalén: «A pesar de que soy un hombre libre y sin amo, me he hecho esclavo de todos para llevar a muchos a Cristo. Cuando estaba con los judíos, vivía como un judío para llevar a los judíos a Cristo. Cuando estaba con los que siguen la ley judía, yo también vivía bajo esa ley. A pesar de que no estoy sujeto a la ley, me sujetaba a ella para poder llevar a Cristo a los que están bajo la ley [...] Hago lo que sea para difundir la Buena Noticia y participar de sus bendiciones» (1 Corintios 9:19-23).

EL VIAJE DE PABLO A ROMA

Viajeros: Pablo, guardias romanos, Lucas y otros
Distancia: 3500 kilómetros (2200 mi)
Fechas: 59–60 d. C.

- **Jerusalén:** Después del arresto de Pablo, el comandante romano se enteró de una amenaza de muerte contra Pablo, por lo que ordenó que una escolta armada llevara a Pablo a Cesarea. Hechos 23:12-35

- **Cesarea:** Pablo enfrentó juicio ante el gobernador Félix, y Félix lo dejó en prisión por dos años. Pablo volvió a enfrentar juicio, pero en esa ocasión fue ante Festo, el nuevo gobernador. Pablo exigió su derecho como ciudadano romano y apeló su caso ante el César. Herodes Agripa II visitó a Festo y Pablo también compareció ante él. Se decidió que Pablo debería ir a Roma. Hechos 24:1–26:32

- **Sidón:** El centurión a cargo de Pablo le permitió visitar a sus amigos. Entonces Pablo abordó un barco y comenzó su viaje rumbo a Roma. Hechos 27:1-4

- **Creta:** Pablo recomendó que el barco permaneciera en puerto seguro, pero el centurión ordenó que el barco siguiera navegando. Hechos 27:5-12

- **Malta:** Después de haber pasado por una tormenta durante dos semanas, el barco naufragó cerca de la isla de Malta. Todos aquellos en el barco llegaron a la orilla. Después de tres meses, zarparon de nuevo. Hechos 27:13–28:11

- **Poteoli:** Pablo se quedó con los creyentes durante una semana. Hechos 28:12-14

- **El Foro por el Camino Apio y Las Tres Tabernas:** Los creyentes de Roma recibieron a Pablo. Hechos 28:15

- **Roma:** Pablo permaneció bajo arresto domiciliario durante dos años y compartió el evangelio con todos los que pudo. Hechos 28:16-31

CIUDADES PORTUARIAS

Aunque Pablo atravesó cuatro veces el interior de Asia Menor (la actual Turquía) en el libro de los Hechos, los detalles que nos da el autor se refieren muchos más a las ciudades costeras. Esas ciudades portuarias eran lugares influyentes. Ofrecían muchas conexiones para el comercio de mercancías locales e internacionales. Eran lugares para recibir y distribuir dinero, ideas y chismes. Al trazar los viajes de Pablo, se puede observar que, cuando se enrumbaba hacia el oriente, ya a su base de operaciones en Antioquía, ya al templo de Jerusalén, viajaba en barco. Aprovechaba los vientos dominantes para acelerar su viaje por mar, en vez de hacerlo por tierra.

EL REINO DE DIOS EN ROMA

Lucas concluye el libro de los Hechos diciéndoles a los lectores que, mientras estaba en Roma, Pablo «proclamaba con valentía el reino de Dios y enseñaba acerca del Señor Jesucristo; y nadie intentó detenerlo» (Hechos 28:31). Aquí, en el reino más poderoso de la tierra, Pablo declaró audazmente el reino de Dios.

Durante ese tiempo, Pablo también escribió varias epístolas (cartas) del Nuevo Testamento, incluso la carta dirigida a la iglesia de Filipos. En esa carta, varias veces se refiere a sus luchas. También mira más allá de esas luchas y se regocija de que incluso su confinamiento dio como resultado algo bueno.

> Pues cada persona de aquí —incluida toda la guardia del palacio— sabe que estoy encadenado por causa de Cristo.
>
> FILIPENSES 1:13

Lo que se implica es que algunos de los guardias (y de la gente del palacio) respondieron hasta cierto punto al mensaje del evangelio, pero es claro que la influencia de Pablo se extendió más allá de los confines de su ubicación, como lo indican sus comentarios finales de esa carta: «Los demás del pueblo de Dios también les envían saludos, en particular los de *la casa de César*» (Filipenses 4:22, énfasis añadido). Recuerde lo que Dios le había dicho a Ananías acerca de Pablo después de su conversión en el camino a Damasco: «Él [Pablo] es mi instrumento elegido para llevar mi mensaje a los gentiles y a reyes, como también al pueblo de Israel» (Hechos 9:15). En el capítulo final de Hechos, vemos que Pablo cumple exactamente ese anuncio.

DESPUÉS DEL LIBRO DE LOS HECHOS

Existe un debate considerable en cuanto a los últimos años de la vida de Pablo después del final de Hechos. La teoría más aceptada es que, después de dos años de arresto domiciliario, a Pablo lo liberaron y se le permitió viajar de nuevo. Durante ese cuarto viaje misionero (como algunos lo han llamado), Pablo viajó por todo el Mediterráneo:

1. Macedonia (1 Timoteo 1:3)
2. Troas (2 Timoteo 4:13)

3. Mileto (2 Timoteo 4:20)
4. Creta (Tito 1:5)
5. Nicópolis (Tito 3:12)
6. España, posiblemente. (El padre de la iglesia del primer siglo, Clemente, afirmó que Pablo cumplió su deseo de ir a España, el cual se expresa en Romanos 15:28. Sin embargo, aún no se sabe con certeza si la visita se llevó a cabo en realidad).

Pablo finalmente regresó a Roma, pero es posible que no haya sido de forma voluntaria. Aunque se ha sugerido que lo arrestaron cuando estaba en Nicópolis, la evidencia es incierta. Lo que sí sabemos es que cuando Pablo regresó a Roma, la persecución generalizada de los cristianos por parte del emperador Nerón ya había comenzado. Existen altas probabilidades de que, para esas alturas, el apóstol Pedro ya hubiera sufrido el martirio en Roma.

La Vía Ostiensis, Roma, el lugar tradicional del martirio de Pablo

En esta ocasión, el encarcelamiento de Pablo no fue en arresto domiciliario. Más bien, se cree que fue confinado en la fría e infame Cárcel Mamertina, donde Pedro también podría haber permanecido recluido. Contamos con alguna información acerca de los últimos días de Pablo basada en la última carta de Pablo a Timoteo. Por esa carta tan personal y emotiva, sabemos que lo visitó Onesíforo, de quien Pablo expresó: «Me dio ánimo. Jamás se avergonzó de que yo estuviera en cadenas» (2 Timoteo 1:16-17). También sabemos que muchos cristianos habían abandonado a Pablo cuando enfrentó el juicio (2 Timoteo 4:10, 16). Solo Lucas permanecía todavía con él, aunque Pablo expresó la esperanza de volver a ver a Juan Marcos cuando Timoteo fuera a visitarlo (2 Timoteo 4:11).

Aunque la evidencia histórica concuerda en que a Pablo lo ejecutaron en Roma, de seguro por decapitación, en algún momento entre los años 66 y 68 d. C., eso no le puso fin a su ministerio. Por medio de sus cartas del Nuevo Testamento y su historia detallada en el libro de los Hechos, Pablo todavía nos ministra hoy en día.

A lo largo de los últimos treinta años de su vida, Pablo asumió con valentía la misión que Dios le había dado de proclamar el evangelio de la vida nueva y eterna en Cristo Jesús el Salvador. El hecho de que Pablo difundiría el evangelio no fue la única profecía que se le dio a Ananías acerca de Pablo en Hechos 9. Mire el versículo 16: «[Yo, el Señor,] le voy a mostrar [a Pablo] cuánto debe sufrir por mi nombre». Pablo sabía que le esperaban dificultades por causa de Jesús. El Señor lo había escogido a él, Pablo, por su parte, había decidido ir a donde el Señor lo llevara, aun cuando ese camino lo llevara al sufrimiento. Cuando estaba en la cárcel y enfrentaba una muerte inminente, Pablo aprendió a contentarse y gozarse en sus circunstancias, debido a la paz que tenía por medio de Cristo. Él sabía, y podía tranquilizar a la iglesia de Filipos, que «este mismo Dios quien me cuida suplirá todo lo que necesiten, de las gloriosas riquezas que nos ha dado por medio de Cristo Jesús» (Filipenses 4:19).

CAPÍTULO 5

Quién es quién en el libro de los Hechos

Ágabo

HECHOS 11:27-28; 21:10-14

Ágabo estaba entre un grupo de profetas que viajaron de Jerusalén a Antioquía de Siria cuando Pablo y Bernabé se encontraban allí. Profetizó que una hambruna se extendería por todo el Imperio romano, lo que el escritor de Hechos afirma que ocurrió durante el reinado de Claudio (41–54 d. C.). Más adelante, profetizó sobre el arresto de Pablo en Jerusalén, de modo que, para ilustrarlo, se ató sus propias manos y pies con el cinturón de Pablo y declaró: «De esta forma será atado el dueño de este cinturón por los líderes judíos en Jerusalén y entregado a los gentiles» (Hechos 21:11).

La profecía de Ágabo por Louis Chéron (1687)

Agripa I

HECHOS 12:1-24

En Hechos es llamado «rey Herodes». Era nieto de Herodes el Grande y gobernó Galilea desde el año 39 hasta el 44 d. C. Arrestó a algunos miembros de la iglesia de Jerusalén y ejecutó a Santiago, el hermano de Juan (Hechos 12:2). Debido a la reacción positiva de los judíos ante la muerte de Santiago, Herodes arrestó a Pedro, a quien luego un ángel liberó de manera milagrosa de la prisión. Más adelante, un ángel hirió de muerte a Herodes cuando se negó a corregir a una audiencia que le rendía culto después de que había pronunciado un discurso público (Hechos 12:21-23).

Agripa II

HECHOS 25:13-27; 26:1-32

También es conocido como Herodes Agripa, o Agripa II, era hijo de Agripa I. Él y su hermana Berenice escucharon con atención el testimonio de Pablo durante su encarcelamiento en Cesarea y declararon que, si Pablo no hubiera apelado ya al César, lo podrían haber liberado.

DINASTÍA HERODIANA

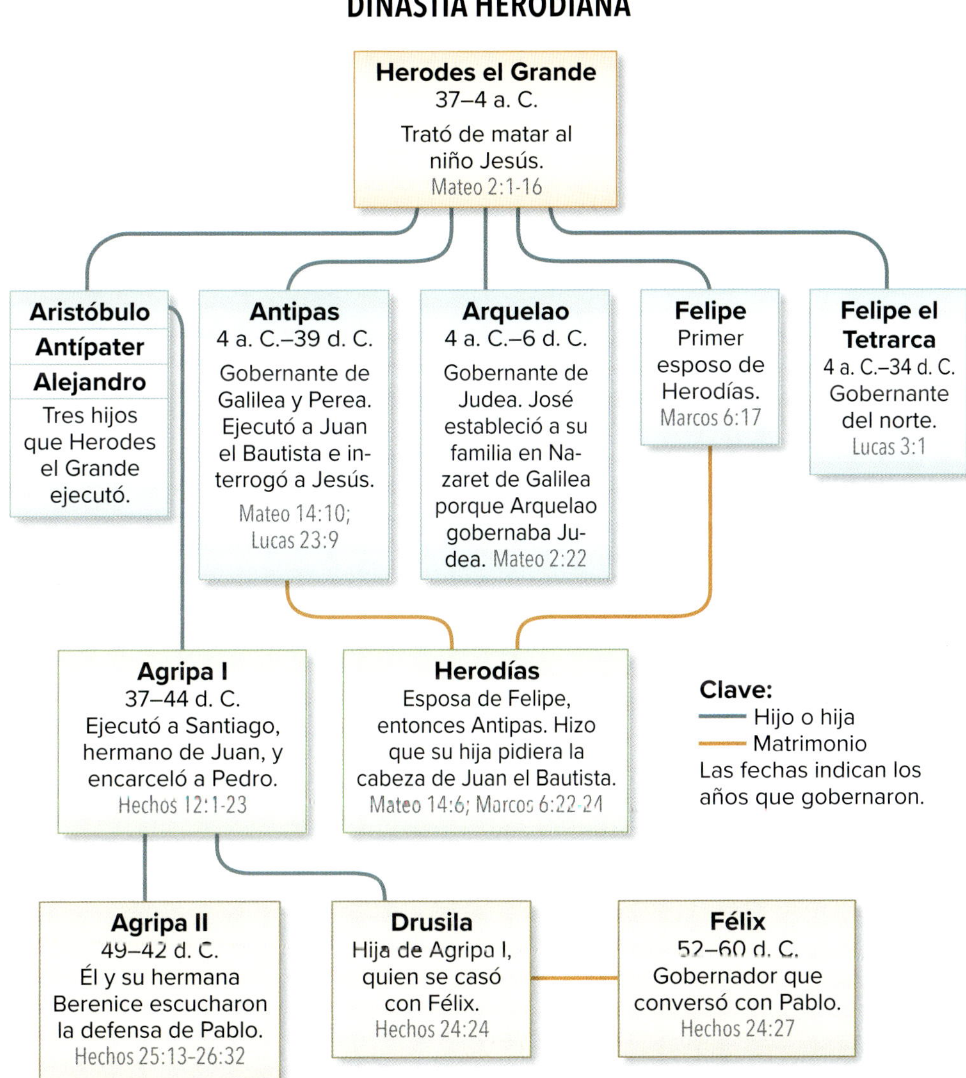

Ananías de Damasco

HECHOS 9:10-19; 22:6-16

Ananías, un cristiano que vivía en la ciudad de Damasco, tuvo una visión del Señor en la que le dio instrucciones de que buscara a Saulo. Después de oponer resistencia, Ananías fue a la casa donde se hospedaba Saulo para poner las manos sobre él, sanar su ceguera y bautizarlo.

Ananías, el sumo sacerdote
HECHOS 23:1-5; 24:1-21

Fue sumo sacerdote desde el año 47 hasta el 59 d. C., después de que Herodes lo designara. Era conocido por su crueldad, así que, por ello, ordenó que golpearan a Pablo en la cara cuando el apóstol testificó ante el Concilio Supremo antes de su arresto en Jerusalén. Ante esto, Pablo lo acusó de ser hipócrita y una «pared blanqueada» (Hechos 23:3, nota textual). Más adelante, Ananías viajó a Cesarea con otros líderes judíos para testificar contra Pablo ante Félix, el gobernador romano de ese entonces.

Ananías restaura la vista de San Pablo por Pietro da Cortona (c. 1631)

Ananías y Safira
HECHOS 5:1-11

Este esposo y esta esposa, de los primeros convertidos al cristianismo, vendieron sus posesiones y dieron parte del dinero a los apóstoles, pero afirmaron que les habían entregado a los apóstoles todo el dinero que habían obtenido. Pedro, por medio del Espíritu Santo, supo que mentían. Cuando los acusó de falsedad, cada uno de ellos, en su momento, cayó muerto.

Apolos
HECHOS 18:24-26; 19:1

Apolos era un judío erudito de Alejandría de Egipto. Priscila y Aquila lo conocieron en Éfeso, donde predicaba el evangelio a los ciudadanos de allí. Después de que ellos llenaron los vacíos de su conocimiento acerca del evangelio, decidió ser misionero en Acaya.

Aquila y Priscila
HECHOS 18:1-26

Estos convertidos al cristianismo, los cuales se contaban entre los primeros cristianos, eran fabricantes de carpas, al igual que el apóstol Pablo. Viajaron a Siria con Pablo y, cuando él salió de Éfeso, se quedaron para ministrar en la iglesia de allí, donde, en algún momento, compartieron el evangelio con Apolos. Pablo menciona a esta pareja en las cartas a Roma, Corinto y a su discípulo Timoteo, lo que indica que seguían siendo importantes colegas en el ministerio.

Aristarco

HECHOS 19:28-29; 20:1-4; 27:2

Fue uno de los compañeros de viaje de Pablo; era macedonio de Tesalónica. La turba de Éfeso que se amotinó en nombre de Artemisa lo capturó junto con Cayo. Salió de Éfeso con Pablo hacia Macedonia y Troas después de los disturbios ocurridos en Éfeso y, más adelante, acompañó de nuevo a Pablo en su viaje final a Roma.

Barjesús

HECHOS 13:6-12

Elimas cegado por Rafael Sanzio

También llamado Elimas, era un hechicero judío y falso profeta que Pablo y Silas encontraron en Pafos durante el primer viaje misionero de Pablo. Trabajaba para Sergio Paulo, el procónsul romano, quien convocó a Pablo y Bernabé para escuchar acerca del evangelio. Cuando Barjesús trató de poner al procónsul en contra del cristianismo, Pablo lo llamó «hijo del diablo [...] y enemigo de todo lo bueno» (Hechos 13:10). Barjesús recibió la maldición de ceguera temporal, por lo que, cuando Sergio Paulo vio que ocurrió eso, creyó en el evangelio.

Berenice

HECHOS 25:13-27; 26:1-32

Era hija de Herodes Agripa I y hermana de Herodes Agripa II. Viajó con Agripa II a Cesarea, de modo que escuchó el testimonio de Pablo junto con su hermano y Festo, el gobernador romano.

Bernabé

HECHOS 4:36; 9:26-27; 11-15

Retrato de Bernabé en el antiguo monasterio de San Bernabé en Famagusta, Chipre del Norte

A este levita de la isla de Chipre los apóstoles lo llamaron Bernabé, que significa «hijo de ánimo», aunque su verdadero nombre era José. Cuando el libro de los Hechos lo presenta, él había vendido algunas propiedades para entregarles el dinero a los discípulos (Hechos 4:36-37). Más adelante, llevó por primera vez a Saulo de Tarso (quien llegó a ser conocido como Pablo) ante los apóstoles, ya que otros miembros de la iglesia se negaban a creer en la conversión de Saulo (Hechos 9:26-27). Él y Pablo pasaron un año trabajando juntos en Antioquía de Siria, donde la palabra «cristiano» se empleó por primera vez para describir a los seguidores de Jesús. Este equipo de dos también llevó a cabo el primer viaje misionero desde Antioquía en Hechos 13–14.

Claudio Lisias

HECHOS 23:12-35

Claudio Lisias era el comandante romano de Jerusalén cuando Pablo llegó a esta ciudad por última vez. Arrestó a Pablo en Jerusalén para evitar que una turba lo asesinara. Cuando el sobrino de Pablo le informó de una conspiración judía para matar a Pablo, Claudio Lisias lo envió de Jerusalén a Cesarea con una escolta militar y le escribió una carta a Félix, el gobernador romano, en la que le solicitaba que escuchara las acusaciones contra Pablo.

Cornelio

HECHOS 10:1-48; 11:1-18

Cornelio era un centurión romano del regimiento italiano (Hechos 10:1). Hechos 10:2 lo describe como «devoto, temeroso de Dios», de manera que era conocido como un hombre generoso y dedicado a la oración. Cuando vivía en Cesarea, tuvo una visión de parte de Dios, quien le dio instrucciones de que buscara al apóstol Pedro. Cuando sus hombres encontraron a Pedro en la ciudad de Jope, el apóstol acababa de tener su propia visión de parte de Dios, en la que se le instruyó tres veces que matara y comiera alimentos que se consideraban impuros según la ley judía (Hechos 10:9-16). Pedro le predicó el evangelio a Cornelio, quien comenzó a hablar en lenguas. Este hecho confirmaba que el Espíritu Santo bendecía también a los gentiles que escuchaban el evangelio, así como bendecía a los judíos. Después de ese acontecimiento, Pedro bautizó a Cornelio y a los de su casa. Más adelante, los creyentes de Jerusalén criticaron a Pedro por bautizar a gentiles; aun así, cuando él narró la historia de su visión y la conversión de Cornelio, su audiencia comenzó a alabar a Dios por concederles vida eterna a los gentiles (Hechos 11:1-18).

Visión de Cornelio el Centurión por Gerbrand van den Eeckhout (1664)

Crispo
HECHOS 18:8

Crispo era el líder de la sinagoga de Corinto, en la que Pablo predicó en su segundo viaje misionero. Él y su familia se convirtieron al cristianismo después de escuchar hablar a Pablo.

Dámaris
HECHOS 17:34

Se convirtió al cristianismo después de que Pablo proclamara el evangelio en una reunión del Areópago, el Concilio Supremo del gobierno romano, en Atenas.

Demetrio
HECHOS 19:23-41

Demetrio era un platero de Éfeso que elaboraba santuarios de Artemisa. Reunió a un grupo de artesanos atenienses que se ganaban la vida de manera similar y los motivó a que hicieran disturbio porque Pablo predicaba que «los dioses hechos a mano no son realmente dioses» (Hechos 19:26). La turba a la que incitó secuestró a Cayo y Aristarco, quienes viajaban con Pablo, y los retuvo en el anfiteatro de Éfeso, en tanto que los otros amigos de Pablo le impidieron entrar en el anfiteatro por temor a que pusiera en riesgo su integridad física. El alcalde de la ciudad finalmente tranquilizó a la multitud y los alentó a llevar sus quejas a las cortes en una asamblea legal en lugar de causar disturbios.

Dionisio
HECHOS 17:34

Dionisio era miembro del Areópago, el Concilio Supremo de gobierno romano. Se convirtió al cristianismo después de que Pablo proclamara el evangelio en una reunión del Areópago, en Atenas.

Dionisio, Monasterio de Hosios Loukas

Dorcas
HECHOS 9:36-42

También conocida como Tabita, vivía en Jope y era apreciaba por su generosidad y bondad hacia los pobres. Cuando ella murió de una enfermedad, llamaron a Pedro, quien se encontraba en la cercana Lida, para que fuera a devolverla a la vida. Debido a ese milagro, muchas personas de Jope se convirtieron al cristianismo.

El carcelero de Filipos
HECHOS 16:25-36

Este hombre custodiaba a Pablo y Silas en una prisión de Filipos cuando los liberaron milagrosamente junto con todos los demás prisioneros. En lugar de que lo castigaran por dejar escapar a los prisioneros, trató de suicidarse, pero Pablo lo detuvo al decirle: «¡Detente! ¡No te mates! ¡Estamos todos aquí!» (Hechos 16:28). Al darse cuenta de que todos los prisioneros estaban allí, el carcelero les preguntó a Pablo y Silas cómo podía ser salvo. Él y su familia escucharon el evangelio y se bautizaron.

El Concilio Supremo
HECHOS 4:1-22; 5:17-42; 7:54; 22:30

El *Concilio Supremos* o *Sanedrín* (del griego *sunédrion*) originalmente indicaba un cuerpo cívico local que gobernaba, como una corte o un consejo. Cuando se escribió Hechos, de seguro entre los años 70 y 90 d. C., se refería al más alto concilio judicial judío, con sede en Jerusalén. El sumo sacerdote supervisaba el Concilio Supremo. Entre sus miembros había nobles aristócratas de edad avanzada, sumos sacerdotes, saduceos, fariseos y escribas. Herodes el Grande lo socavó y debilitó, pero comenzó a resurgir en poder bajo los procónsules que Roma designó. Las decisiones del Concilio Supremo llegaban incluso a la sentencia con la pena capital, aunque no podían hacer cumplir eso sin la cooperación romana. Vemos eso en Hechos 24, cuando el Concilio Supremo presenta su caso contra Pablo al gobernador romano Félix.

El funcionario etíope
HECHOS 8:26-38

Este funcionario estaba a cargo de la tesorería de la reina etíope. Cuando regresaba a casa después de haber viajado a Jerusalén para adorar, se encontró con Felipe, quien viajaba en esa misma ruta, en obediencia a las instrucciones que había recibido de un ángel. El funcionario le pidió a Felipe que le explicara el libro de Isaías, así que Felipe le anunció el evangelio, lo que motivó al hombre a pedir que lo bautizara.

El sobrino de Pablo

HECHOS 23:12-22

No se sabe nada acerca de este joven, excepto que era el hijo de la hermana de Pablo. Descubrió una conspiración entre el Concilio Supremo, los principales sacerdotes y un grupo de judíos para emboscar a Pablo y matarlo. Cuando se lo contó al comandante romano de Jerusalén, el comandante hizo arreglos para que se llevaran a Pablo a Cesarea con una escolta militar para garantizar su integridad física.

Eneas

HECHOS 9:32-35

Eneas era un ciudadano de Lida que quedó paralítico y pasó ocho años postrado en cama (Hechos 9:33). Cuando Pedro se encontró con él, le ordenó: «¡Jesucristo te sana! ¡Levántate y enrolla tu camilla!» (Hechos 9:34). El escritor de Hechos relata que, como resultado de ese milagro, «los habitantes de Lida y Sarón vieron a Eneas caminar, de manera que se convirtieron al Señor» (Hechos 9:35).

Erasto

HECHOS 19:21-22

Trabajó con Pablo, quien lo envió a Macedonia con Timoteo. Pablo los alcanzó ahí y después continuaron juntos al sur de Grecia, a la costa occidental de Asia y, por último, a Jerusalén.

Esteban

HECHOS 6:1-6; 8:2

Esteban formaba parte de un grupo designado por los apóstoles para ayudar a cuidar de las viudas de la iglesia. El escritor de Hechos lo destacó como un hombre que estaba «lleno de fe y del Espíritu Santo» (Hechos 6:5). Después de que los judíos acusaron a Esteban de blasfemia, pues estaban molestos por los milagros que realizaba, lo lapidaron hasta la muerte después de que pronunció un discurso ante el Concilio Supremo, en el cual explicó cómo Cristo cumplió la profecía del Antiguo Testamento. Él es el primer mártir cristiano cuya muerte se registra en el Nuevo Testamento.

Eunice

HECHOS 16:1; 2 TIMOTEO 1:5

Era una cristiana judía que vivía en Listra y era la madre de Timoteo. En su segunda carta a Timoteo, Pablo habla de su «fe sincera», la cual le había enseñado a Timoteo desde que era niño (2 Timoteo 1:5).

Eutico

HECHOS 20:7-12

Eutico, mientras escuchaba predicar a Pablo en una habitación de un tercer piso, se quedó dormido. Murió cerca de la medianoche después de caerse del borde de la ventana en la cual se hallaba sentado. Cuando Pablo lo tomó en sus brazos, volvió a la vida. Después Pablo siguió enseñando lo que restaba de la noche.

Felipe el Evangelista

HECHOS 6:1-6; 8:4-8, 8:26-40; 21:8-9

No debe confundírselo con el apóstol Felipe. A este Felipe lo designaron, junto con otros seis hombres de la iglesia del primer siglo, para que ayudara a cuidar de las viudas. Predicó y realizó milagros en Samaria (Hechos 8:4-8). Más adelante, siguió las instrucciones de un ángel de ir al camino que estaba entre Jerusalén y Gaza, donde se encontró con el funcionario etíope (Hechos 8:26-40). Después fue llamado «el evangelista» cuando Pablo se quedó con él en Cesarea (Hechos 21:8). Felipe tenía cuatro hijas que profetizaban.

El bautismo del eunuco de Rembrandt (1626)

Félix

HECHOS 23:23-35; 24:1-27

Fue el gobernador romano de Judea desde el año 52 hasta el 58 d. C. Mantuvo a Pablo en prisión durante dos años, con la esperanza de que lo sobornara para dejarlo ir. El escritor de Hechos también menciona que Félix estaba «bastante familiarizado» con el cristianismo (Hechos 24:22). Félix estaba casado con Drusila, la hija de Herodes Agripa I.

Festo

HECHOS 24:27; 25:1-27; 26:1-32

Porcio Festo reemplazó a Félix como gobernador de Judea en el año 58 d. C. Cuando se convirtió en gobernador, los principales sacerdotes y líderes de Jerusalén le presentaron su caso contra Pablo. Le pidieron que trasladaran a Pablo a Jerusalén para interrogarlo, aunque de nuevo planeaban tenderle una emboscada antes de que llegara. Festo, más bien les dijo a los líderes judíos que podían acompañarlo a Cesarea para interrogar a Pablo. Cuando le preguntó a Pablo si iría a Jerusalén, como un favor a los judíos, Pablo apeló a César. Más adelante, Festo escuchó el testimonio de fe de Pablo junto con el rey Agripa II y Berenice, la hermana de Agripa, antes de que llevaran a Pablo a Roma.

Galión

HECHOS 18:12-17

Fue el procónsul romano de Acaya del año 51 al 52 d. C. Escuchó las acusaciones contra Pablo por parte de los judíos de Corinto, quienes acusaban a Pablo de «persuadir a la gente a adorar a Dios en formas contrarias a nuestra ley» (Hechos 18:13). Galión desestimó el caso antes de que Pablo pudiera defenderse, al explicarles que solo se involucraría en el asunto si se hubiera cometido un «delito grave», en lugar de una ofensa contra la ley judía (Hechos 18:14-15). Después de que Galión los despidió, los judíos que acusaban a Pablo golpearon a un líder de la sinagoga llamado Sóstenes. Aun así, Galión se negó a interferir.

Gamaliel

HECHOS 5:27-40; 22:3

Gamaliel era un respetado erudito y fariseo que convenció al Concilio Supremo de no ejecutar a los apóstoles al argumentar que, si lo que predicaban era falso, se extinguiría con rapidez por sí solo, mientras que, si era verdad, interferir con su mensaje sería estar «peleando contra Dios» (Hechos 5:34-39). Pablo, en ocasión de su defensa ante una multitud violenta en Jerusalén, declaró que, antes de su conversión al cristianismo, había recibido la educación de un fariseo bajo Gamaliel (Hechos 22:3).

Gayo

HECHOS 19:28-29; 20:1-4

La turba de Éfeso que provocó disturbios en nombre de Artemisa capturó a este hombre, junto con Aristarco. Es probable que se trate del mismo Gayo de quien se afirma que era de Derbe, quien viajó con Pablo a Macedonia después de los disturbios ocurridos en Éfeso y luego se adelantó a Troas con otros miembros del equipo.

Herodes

Ver *Agripa I* y *Agripa II*.

José Barsabás

HECHOS 1:15-26

Este José, también conocido como Justo, solo se menciona una vez en el libro de los Hechos, cuando es designado, junto con Matías, para reemplazar a Judas Iscariote entre los discípulos. Tradicionalmente, se cree que fue uno de los setenta y dos que Jesús envió a proclamar la venida de Jesús (Lucas 10:1-24).

Juan

HECHOS 1–4; 8:14-25

Juan, hermano de Santiago, formaba parte del círculo íntimo de discípulos de Jesús en los evangelios. En ocasiones es conocido como «el discípulo amado». Junto con los demás discípulos, oraba en la habitación de la planta alta después de la ascensión de Jesús (Hechos 1:13) y fue testigo del milagro de Pentecostés (Hechos 2:14).

San Juan Evangelista por Josef Kastner

Estaba presente cuando Pedro sanó a un cojo fuera del templo (Hechos 3:1-10). A ambos los arrestaron y llevaron a juicio ante el Concilio Supremo, frente al cual se defendieron al replicarles: «¿Acaso piensan que Dios quiere que los obedezcamos a ustedes en lugar de a él?» (Hechos 4:19). Más adelante, Juan acompañó de nuevo a Pedro a Samaria, donde impusieron las manos sobre los nuevos creyentes del lugar para que recibieran el Espíritu Santo (Hechos 8:14-17). Se cree que escribió cinco libros del Nuevo Testamento: el Evangelio de Juan, las tres epístolas de Juan y el libro de Apocalipsis. En algún momento lo desterraron a la isla de Patmos. Según la tradición, murió de vejez en Éfeso, alrededor del año 100 d. C.

Julio

HECHOS 27:1-44

Este fue el centurión romano y miembro del regimiento imperial que se encargó de llevar a Pablo, junto con varios otros prisioneros, a Roma. Permitió que Pablo visitara a sus amigos en Sidón, pero se negó a escuchar cuando Pablo le advirtió que era demasiado peligroso zarpar de Creta. Cuando habían zarpado, se vieron atrapados en una tormenta, en medio de la cual Pablo le garantizó al centurión que nadie de los que navegaban con él en el barco moriría, ya que la voluntad de Dios era que Pablo fuera juzgado en Roma. Su barco naufragó en la isla de Malta después de catorce días, por lo que algunos de los soldados querían matar a Pablo y a los demás prisioneros para evitar que escaparan. Julio lo evitó, sin embargo, por lo que todos aquellos a bordo del barco llegaron sanos y salvos a tierra.

Lidia

HECHOS 16:13-15

Lidia era de la ciudad de Tiatira y se mostró hospitalaria con Pablo en Filipos después de que se convirtiera al cristianismo y que él la bautizara. Era vendedora de tela de color púrpura, la cual, debido a su alto costo, solo usaban las personas adineradas.

Los hijos de Esceva

HECHOS 19:13-20

Esceva era un sumo sacerdote judío cuyos siete hijos estaban en Éfeso. Ellos trataron de expulsar a los espíritus malignos invocando los nombres de Jesús y Pablo. Al final, un demonio les respondió: «Conozco a Jesús y conozco a Pablo, ¿pero quiénes son ustedes?» (Hechos 19:15). El hombre poseído por ese demonio golpeó tan brutalmente a los hijos de Esceva, que muchos efesios que habían sido cristianos en secreto confesaron su fe en público. Asimismo, un grupo de personas que practicaban la brujería quemaron sus pergaminos.

Lucas

HECHOS 16:10-17; 21:1-18; 27:1-37; 28:1-16

Fue el autor tanto del Evangelio de Lucas como del libro de los Hechos; era médico y viajó con Pablo. En Hechos 16, él indica que acompañó a Pablo en su segundo viaje misionero, al menos hasta que a Pablo y Silas los encarcelaron en Filipos. Viajó con Pablo en su tercer viaje misionero hasta llegar a Jerusalén, luego naufragó junto con Pablo en su viaje a Roma. Estos pasajes de Hechos se han llegado a conocer como los pasajes en primera persona del plural, en los cuales el autor se incluye a sí mismo en la narración; por ejemplo, «llegamos a Filipos» (Hechos 16:12) y «zarpamos hacia Italia» (Hechos 27:1).

San Lucas Evangelista por Josef Kastner

Lucio de Cirene

HECHOS 13:1-3

Formó parte de un grupo de profetas y maestros en Antioquía de Siria que impusieron las manos sobre Pablo y Bernabé antes de que emprendieran el primer viaje misionero de Pablo.

Manaén

HECHOS 13:1

Manaén estaba entre un grupo de profetas y maestros que impusieron las manos sobre Pablo y Bernabé antes de que emprendieran el primer viaje misionero de Pablo. Se crio con Herodes Antipas.

Marcos (Juan Marcos)

HECHOS 12:25; 13:5; 15:37-40

San Marcos Evangelista
por Josef Kastner

También es conocido por su nombre hebreo, Juan. Este seguidor de Cristo resguardó a Pedro en el hogar que compartía con su madre, María, después de que Pedro había escapado de la prisión (Hechos 12). Comenzó a viajar con Pablo y Bernabé en el primer viaje misionero de Pablo a Antioquía (Hechos 12:25), pero se separó de ellos cuando llegaron a Perge de Panfilia (Hechos 13:13). Más adelante, Bernabé deseó llevar a Marcos en un segundo viaje misionero, pero Pablo se opuso porque Marcos los había dejado antes. Así que Marcos viajó a Chipre con Bernabé (Hechos 15:39). Es el autor del Evangelio de Marcos, el más corto de los cuatro evangelios.

María, la madre de Juan Marcos

HECHOS 12:12

Pedro acudió a su casa después de que un ángel lo había liberado milagrosamente de la prisión (Hechos 12:6-7). Cuando llegó allí, encontró a un grupo de personas que oraban.

Matías

HECHOS 1:15-26

San Matías

Reemplazó a Judas Iscariote entre los discípulos de Jesús. Después de que los nominaron a él y a José Barsabás para tomar el lugar de Judas, los discípulos oraron por la dirección de Dios, luego echaron suertes y eligieron a Matías (Hechos 1:23-26). Fue el único discípulo a quien Jesús no eligió en persona, aunque se cree que fue uno de los setenta y dos que fueron enviados a proclamar la

El curioso caso de Juan Marcos

Pudo haber sido la conexión de su primo Bernabé con Chipre lo que le permitió a Juan Marcos emprender el viaje con Bernabé y Pablo. Aunque no se nos explica con exactitud por qué Juan Marcos dejó el equipo poco después de iniciar el viaje, queda claro en pasajes posteriores que a Pablo le pareció que los había abandonado. Más adelante, Pablo y Bernabé se separaron por causa de él (Hechos 15:37-40).

Por fortuna, la historia no termina ahí para Juan Marcos, o Pablo, en todo caso. Más adelante, Juan Marcos regresaría con Bernabé a Chipre en otro viaje misionero (Hechos 15:39). Años después de que Bernabé le había dado esa segunda oportunidad (al igual que Bernabé lo había hecho con Pablo años antes), Juan Marcos ayudaría a Pablo periódicamente durante su encarcelamiento en Roma. Pablo lo encomendó a la iglesia de Colosenses, cuando les escribió:

> Aristarco, quien está en la cárcel conmigo, les manda saludos; y también los saluda Marcos, el primo de Bernabé. Tal como ya se les indicó, si Marcos pasa por allí, hagan que se sienta bienvenido.
>
> COLOSENSES 4:10

Pablo fue aún más halagador en su última carta a Timoteo:

> Trae a Marcos contigo cuando vengas, porque me será de ayuda en mi ministerio.
>
> 2 TIMOTEO 4:11

Juan Marcos, hoy, es un maravilloso ejemplo para nosotros de que el fracaso no tiene por qué ser el final de la historia. Dios puede usarnos cuando estemos verdaderamente listos, y lo hará.

venida de Jesús en Lucas 10:1-24. Según la tradición griega, Matías ejerció su ministerio en Capadocia, ubicada en la actual Turquía. Algunos historiadores escriben que, al final, lo lapidaron hasta la muerte, en tanto que otros afirman que lo decapitaron o crucificaron.

Mnasón

HECHOS 21:16

Este hombre de Chipre era uno de los primeros discípulos del cristianismo y les brindó alojamiento a Pablo y a algunos otros cristianos de Cesarea que acompañaron a Pablo cuando se dirigieron a Jerusalén.

Nicanor

HECHOS 6:1-6

Junto con otros seis hombres, a Nicanor lo escogieron para ayudar en la distribución de alimentos a las viudas de la iglesia del primer siglo de Jerusalén.

Nicolás de Antioquía

HECHOS 6:1-6

Fue uno de los siete hombres que los apóstoles designaron para ayudar a cuidar de las viudas y los miembros necesitados de la iglesia de Jerusalén. El escritor de Hechos observa sobre él que era alguien que «se había convertido a la fe judía» (Hechos 6:6). Algunos historiadores antiguos afirman que él fue el fundador de un grupo herético llamado los nicolaítas. Jesús reprende a las iglesias de Éfeso y Pérgamo por seguir esa herejía (Apocalipsis 2:6, 15).

Pablo

HECHOS 7:58; 8:1-3; 9:1-30; 11-28

Se lo conoció originalmente por su nombre judío, Saulo de Tarso; fue un fariseo que persiguió a los cristianos antes de convertirse al cristianismo. Tenía a sus pies las túnicas de los hombres que lapidaron a Esteban en Hechos 7:58. Se dirigía a Damasco para encarcelar a los cristianos de esa ciudad, cuando una voz del cielo le preguntó: «Saulo, Saulo, ¿por qué me persigues?» (Hechos 9:4). Tras quedar cegado a causa de su encuentro milagroso con el Señor, Saulo continuó hacia Damasco, donde Ananías lo sanó de su ceguera y lo bautizó. De inmediato, comenzó a predicar el evangelio en Damasco y, finalmente, tuvo que salir clandestinamente de esa ciudad. Después de demostrar su fe sincera a los cristianos de Jerusalén, viajó por todo el Imperio romano con la misión de predicar el evangelio. Emprendió tres viajes misioneros con varios acompañantes antes de que lo arrestaran en Jerusalén y, finalmente, lo llevaran a Roma. Realizó innumerables milagros, desde sanar las enfermedades de las personas hasta devolver la vida a los muertos. Además, fue un firme defensor de la inclusión de los gentiles en la iglesia del primer siglo. Se cree que Pablo es el autor de al menos trece libros del Nuevo Testamento. Asimismo, algunos consideran que escribió la Carta a los Hebreos, además de sus otras epístolas. Se cree que Nerón decapitó a Pablo en algún momento después del año 64 d. C.

La conversión de San Pablo en el camino de Damasco por José Ferraz de Almeida Júnior (c. 1890)

Parmenas

HECHOS 6:1-6

Parmenas fue uno de los siete hombres llenos del Espíritu a quienes designaron para que ayudaran a los apóstoles a ministrar a los miembros de la iglesia de Jerusalén.

Pedro

HECHOS 1–5, 8–12, 15:5-11

Pedro fue el primer discípulo que Jesús llamó en los evangelios. Su nombre original era Simón, pero Jesús lo llamó Pedro. Junto con Santiago y Juan, formaba el círculo íntimo de discípulos de Jesús. En Hechos, realizó varios milagros, al sanar a un mendigo y resucitar a una mujer de entre los muertos. Le predicó a Cornelio, un gentil, después de recibir una visión en la que el Señor le advirtió: «No llames a algo impuro si Dios lo ha hecho limpio» (Hechos 10:15). Más adelante, instó a los otros líderes cristianos de Jerusalén a aceptar a los gentiles en la iglesia sin exigirles que se circuncidaran. Cuando Herodes Agripa lo encarceló para ejecutarlo, un ángel del Señor liberó a Pedro de manera milagrosa. Se cree que Pedro sufrió el martirio en Roma, alrededor de los años 66–68 d. C., durante la persecución contra los cristianos por parte del emperador Nerón.

PEDRO	PABLO
Llamado también Simón y Cefas que significa «la roca» (Juan 1:42).	Llamado también Saulo, su nombre hebreo; Pablo es su nombre romano o gentil (Hechos 13:9).
Un judío y pescador de Capernaúm en Galilea (Mateo 4:18).	Un judío y ciudadano romano de nacimiento, de Tarso de Cilicia (Hechos 16:37-38; 21:39).
Un hombre «sin ninguna preparación especial» a quien Jesús discipuló (Hechos 4:13).	Capacitado en las Escrituras por el famoso fariseo Gamaliel (Hechos 22:3).
Casado (Mateo 8:14).	Soltero (1 Corintios 7:7-8).
Jesús lo llamó para que fuera uno de los doce apóstoles (Mateo 4:18-20; 10:2).	Jesús le salió al encuentro en el camino a Damasco (Hechos 9:1-16). Llegó a ser un «apóstol a los gentiles» (Gálatas 2:8).
Tres veces negó que conocía a Jesús cuando arrestaron a Jesús (Lucas 22:54-62).	Persiguió violentamente a los creyentes antes de su conversión (Hechos 8:3).
El Señor lo comisionó para cuidar de los creyentes; «alimenta a mis ovejas» (Juan 21:15-17).	El Señor lo comisionó para que anunciara a Jesús a los gentiles, a reyes y a Israel (Hechos 9:15).

PEDRO	PABLO
Fue lleno del Espíritu Santo en Pentecostés en Jerusalén (Hechos 2:4).	Fue lleno del Espíritu Santo en Damasco (Hechos 9:17).
Proclamó a Jesús como el Mesías (Mateo 16:16; Hechos 2:36).	Proclamó a Jesús como el Mesías (Hechos 17:3).
Líder de la iglesia en Jerusalén (Hechos 15:6-7).	Inició sus viajes misioneros desde Antioquía de Siria (Hechos 13:1-3).
Realizó milagros, expulsó espíritus malos y resucitó a los muertos (Hechos 2:3-8; 5:15-16; 9:36-43).	Realizó milagros, expulsó espíritus malos y resucitó a los muertos (Hechos 14:8-10; 19:11-12; 20:9-12).
Tuvo una visión acerca de lo que «Dios [...] ha hecho limpio» (Hechos 10:9-16).	Tuvo una visión de un hombre de Macedonia (Hechos 16:9-10).
Lo encarcelaron a causa de su fe (Hechos 12:3-5).	Lo encarcelaron a causa de su fe (Hechos 24:27; 2 Timoteo 1:16).
Escribió dos epístolas del Nuevo Testamento (1 y 2 Pedro) y puede haber sido la fuente principal del Evangelio de Marcos.	Escribió trece epístolas del Nuevo Testamento.
Sufrió el martirio en Roma durante la persecución del emperador Nerón. Según la tradición, lo crucificaron cabeza abajo.	Sufrió el martirió en durante la persecución del emperador Nerón. Según la tradición, lo decapitaron.
Jesús había dicho que, incluso en la forma de su muerte, Pedro glorificaría a Dios (Juan 21:19).	En su última epístola, Pablo escribió: «Se acerca el tiempo de mi muerte. He peleado la buena batalla, he terminado la carrera y he permanecido fiel» (2 Timoteo 4:6-7).

EL VIAJE ESPIRITUAL DE PEDRO ANTES DE HECHOS

Cuando se trata de los doce apóstoles, ninguno se describe de manera tan vívida ni se caracteriza de manera tan prominente en el Nuevo Testamento como Pedro. Debido a que Pedro decidió dejar su red de pesca en el mar de Galilea y correr el riesgo de seguir al hijo de un carpintero de Nazaret, terminó con algunas historias increíbles que contar. (De hecho, se cree que él es la principal fuente como testigo ocular del Evangelio de Marcos).

- Aunque no sabemos exactamente cuántos pasos dio antes de que su fe flaqueara y comenzara a hundirse, Pedro en realidad caminó sobre el agua con Jesús (Mateo 14:22-33).
- Pedro fue testigo de cómo Jesús resucitó de entre los muertos a una niña de doce años (Mateo 9:18-26; Marcos 5:35-43; Lucas 8:49-56).
- También fue testigo de la transfiguración, una revelación enceguecedora de la gloria celestial de Jesús (Mateo 17:1-9; Marcos 9:2-8; Lucas 9:28-36).
- Cuando una turba de líderes religiosos y soldados romanos se dirigía para arrestar a Jesús, Pedro sacó su espada e hizo un movimiento salvaje con el que le cortó la oreja a un joven. Luego Pedro vio cómo Jesús volvió a colocarle la oreja de manera milagrosa en el acto (Lucas 22:50-51; Juan 18:10).

Pedro había confesado con seguridad que Jesús es «el Mesías, el Hijo del Dios viviente» (Mateo 16:16). En la hora más oscura de Jesús, sin embargo, mientras lo juzgaban y condenaban a muerte, el miedo de Pedro se apoderó de él. Tres veces hasta negó que conocía a Jesús, un fracaso de fe que lo hizo llorar amargamente (Lucas 22:54-62). A pesar de la derrota de Pedro, sin embargo, el Señor no lo rechazó. Después de su resurrección, Cristo restauró a Pedro a su lugar de liderazgo de siervo entre los discípulos, con el mandamiento triplicado: «alimenta a mis ovejas» (Juan 21:15-19).

Todo lo que Pedro había presenciado y experimentado con el Señor lo preparó para el papel que lo vemos asumir en el libro de los Hechos, como un líder audaz e intrépido de la iglesia del primer siglo.

Escultura de Pedro en el Vaticano

Priscila

Ver *Priscila y Aquila*.

Prócoro

HECHOS 6:1-6

Fue uno de los siete hombres que los apóstoles designaron para ayudar a cuidar de las viudas y los miembros necesitados de la iglesia de Jerusalén.

Publio

HECHOS 28:7-10

Era el funcionario principal de la isla de Malta, donde Pablo y los demás que navegaban con él naufragaron cuando se dirigían a Roma. Pablo sanó al padre de Publio y a muchos otros ciudadanos de Malta que estaban enfermos. A cambio, Publio le proporcionó todos los suministros que Pablo necesitaba cuando estuvo listo para continuar navegando hacia Roma, tres meses después del naufragio.

Rode

HECHOS 12:13-16

Cuando un ángel liberó a Pedro de la cárcel de forma milagrosa en Hechos 12 y se dirigió a la casa de María, Rode era la sirvienta que lo encontró en la puerta. Estaba tan contenta que olvidó dejarlo entrar antes de correr a decirles a las demás personas de la casa que él estaba allí.

Safira

Ver *Ananías y Safira*.

Santiago, el apóstol

HECHOS 2:1-14, 12:1-2

Santiago formó parte del círculo íntimo de Jesús y era hermano de Juan. Se menciona a este apóstol (que no debe confundirse con Santiago, hijo de Alfeo) en Hechos 1:13 como parte del grupo de seguidores de Jesús que oraban juntos después de que Jesús ascendió. Estuvo presente con el resto de los apóstoles en Pentecostés (Hechos 2:14), una vez más cuando defendieron su fe ante el Concilio Supremo y posteriormente fueron azotados (Hechos 5). Santiago sufrió el martirio bajo Herodes Agripa I, después de que el rey había arrestado a algunos miembros de la iglesia para torturarlos (Hechos 12:1-2).

Santiago, el hermano de Jesús

HECHOS 15:12-21; 21:17-19

Santiago, el hermano de Jesús, se convirtió en el líder de la iglesia de Jerusalén. Lo más probable es que sea el autor de la epístola de Santiago del Nuevo Testamento. En Hechos 15, apoyó los argumentos de Pablo para aceptar a los gentiles como miembros de la iglesia. Es mencionado de nuevo en Hechos 21:18 al relatarse que estuvo presente cuando Pablo visitó a los ancianos de la iglesia de Jerusalén cuando finalizó su tercer viaje misionero.

Saulo

Ver *Pablo*.

Segundo

HECHOS 20:1-4

Era oriundo de Tesalónica; viajó con Pablo desde Éfeso a Macedonia y Troas.

Silas

HECHOS 15:22; 18:5

Fue un judío cristiano que también era ciudadano romano; acompañó a Pablo en su segundo viaje misionero. Lo arrestaron con Pablo en Filipos. Cuando estaban en la cárcel, oraron y cantaron himnos hasta que quedaron libres de manera milagrosa por un terremoto. El carcelero que los custodiaba creyó en el evangelio y lo bautizaron (Hechos 16:25-34). Más adelante en su viaje, Pablo predicó el evangelio en las sinagogas judías de Tesalónica y Berea. Silas se quedó en Berea con Timoteo para servir a los nuevos cristianos de allí, en tanto que Pablo continuó hacia Atenas (Hechos 17:14). Con el tiempo, Silas se reunió con Pablo de nuevo en Corinto (Hechos 18:5).

Simeón

HECHOS 13:1-3

También llamado «el Negro», formó parte de un grupo de profetas y maestros que impusieron las manos sobre Pablo y Bernabé antes de que emprendieran el primer viaje misionero de Pablo.

Santiago el Justo

A principios del siglo IV d. C., el historiador eclesiástico Eusebio (basado en los recuerdos de Hegesipo, quien vivió poco después de los apóstoles) se refirió a Santiago, uno de los hermanos de Jesús, como «Santiago el Justo». También lo mencionó por el apodo de «rodillas de camello» porque se dice que Santiago oraba tanto que desarrolló callos en las rodillas. Se cree que Santiago es el autor de la epístola que lleva su nombre, una de las primeras cartas del Nuevo Testamento (c. 49 d. C.). Según la tradición eclesiástica, Santiago sufrió el martirio en Jerusalén en el año 62 d. C.

Santiago, el hermano de Jesús

Esto es lo que la Biblia expone acerca de él:

- Se menciona a Santiago por primera vez en el Nuevo Testamento en Marcos 6:3 como uno de los hermanos de Jesús.
- Durante el ministerio de Jesús, Santiago no era seguidor de su hermano (Juan 7:5).
- Santiago vio a Cristo resucitado en persona (1 Corintios 15:7).
- Tras la ascensión de Jesús al cielo, Santiago se cuenta entre los creyentes que se reunieron para perseverar en la oración (Hechos 1:14).
- Cuando el apóstol Pedro salió de Jerusalén, se llegó a considerar a Santiago como el líder de la iglesia de la ciudad (Hechos 12:17).
- El apóstol Pablo llamó a Santiago un «pilar» de la iglesia (Gálatas 2:9).
- Vemos por última vez a Santiago en el libro de los Hechos cuando se reúne con Pablo y sus compañeros de viaje en Jerusalén, justo después de concluir el tercer viaje misionero de Pablo: «Al día siguiente, Pablo fue con nosotros para encontrarnos con Santiago, y todos los ancianos de la iglesia de Jerusalén estaban presentes» (Hechos 21:18).

Simón, el curtidor
HECHOS 9:43; 10:17

La profesión de este hombre era preparar las pieles de los animales para convertirlas en cuero. Pedro se quedó en su casa junto al mar cuando permaneció en Jope por mucho tiempo (Hechos 9:43).

Simón, el hechicero
HECHOS 8:9-24

Practicaba la hechicería en Samaria, donde la gente creía que tenía el poder de Dios. Cuando Felipe llegó a Samaria a predicar el evangelio y hacer milagros, Simón profesó creer en Cristo y lo bautizaron. Más adelante, Pedro y Juan, quienes habían llegado a Samaria para ver la obra que Felipe desempeñaba y para imponer las manos sobre los nuevos creyentes, reprendieron a ese hombre. Simón les ofreció dinero a Pedro y Juan a cambio de que le dieran el poder de otorgar el Espíritu Santo a los nuevos convertidos al cristianismo. Debido a que trató de comprar el poder de Dios con dinero, Pedro le respondió: «Tú no tienes parte ni derecho en esto porque tu corazón no es recto delante de Dios» (Hechos 8:21). Debido a la solicitud pecaminosa que Simón hizo, se llama «simonía» a esta acción de tratar de comprar influencias en la iglesia.

Sópater
HECHOS 20:1-4

Era hijo de Pirro, de Berea; viajó con Pablo desde Éfeso a Macedonia y Troas.

Sóstenes
HECHOS 18:12-17

Las multitudes que llevaron a Pablo ante Galión, el procónsul romano, golpearon a este líder de la sinagoga de Corinto cuando Galión se negó a castigar a Pablo por predicar el evangelio.

Tabita
Ver *Dorcas*.

Teófilo

HECHOS 1:1

Lucas se dirige a Teófilo en el primer versículo de Hechos como el destinatario principal del Evangelio de Lucas y del libro de los Hechos. Aunque se sabe muy poco acerca de Teófilo, parece haber sido una persona de alta posición social (Lucas se dirige a él como «muy honorable» en Lucas 1:3) y puede haber sido el mecenas que financió los escritos de Lucas.

Tértulo

HECHOS 24:1-6

Tértulo era un abogado que acompañó al sumo sacerdote Ananías y a otros ancianos judíos a Cesarea para presentar acusaciones contra Pablo ante Félix, el gobernador romano.

Ticio Justo

HECHOS 18:7

Era alguien que «adoraba a Dios» (Hechos 18:7); vivía al lado de la sinagoga de Corinto. Pablo encontró refugio en su casa cuando los judíos a quienes les predicaba en Corinto se pusieron violentos. Como respuesta a la oposición de los judíos, Pablo declaró: «De ahora en adelante iré a predicar a los gentiles» (Hechos 18:6).

Timón

HECHOS 6:1-6

Fue uno de los siete hombres piadosos que los apóstoles designaron para cuidar de las viudas en la iglesia de Jerusalén.

Timoteo

HECHOS 16:1-5; 17:14-15; 18:5; 19:21-22; 20:1-4

Era hijo de una mujer judía (llamada Eunice) y de un hombre griego; Pablo lo circuncidó antes de que lo acompañara, junto con Silas, en su segundo viaje misionero (Hechos 16:1-3). Timoteo se quedó con Silas en Berea después de que Pablo se viera obligado a irse debido a los judíos de Tesalónica, quienes habían llegado a agitar a las multitudes a las que les predicaban (Hechos 17:13-15). Más adelante, Timoteo se reunió con Pablo en Corinto. Timoteo es mencionado como uno de los «asistentes» de Pablo en Hechos 19:22, cuando, en su tercer viaje, lo envió a ministrar en Macedonia con Erasto, para permanecer un poco más en Asia antes de viajar a Macedonia y Grecia, y por último llegar a Jerusalén. Más tarde iría a Roma. Timoteo se convirtió en pastor de la iglesia de Éfeso y fue el destinatario de dos epístolas de Pablo del Nuevo Testamento, en las que anima a este joven pastor (1 y 2 Timoteo).

San Timoteo

Tíquico

HECHOS 20:1-4

Fue compañero de viaje de Pablo desde Asia; acompañó al apóstol desde Éfeso hasta Macedonia, Grecia y Troas.

Trófimo

HECHOS 20:1-4; 21:27-29

Era oriundo de Éfeso; viajó con Pablo desde Éfeso a Macedonia, Grecia y Troas. Él estaba con Pablo en Jerusalén cuando arrestaron a Pablo.

CAPÍTULO 6

El Espíritu Santo

Llevar el evangelio desde Jerusalén hasta los lugares más lejanos de la tierra: esa es la misión de la iglesia que le dio la cabeza de la iglesia, Jesucristo. Es una tarea difícil, pero Dios no le da a su pueblo un llamado para el que no le dará el poder para realizarlo. En el libro de los Hechos, Jesús introdujo esa misión a sus seguidores cuando les anunció: «Recibirán poder cuando el Espíritu Santo descienda sobre ustedes» (Hechos 1:8). Ese Espíritu Santo es un don que Dios Padre les había prometido a los seguidores de Jesús (Hechos 1:4). Ese mismo Espíritu es el que habita y actúa por medio de los creyentes hoy en día, con lo que continúa la misión de dar testimonio de la Buena Noticia de la vida que se encuentra solo por medio de Jesús.

En este capítulo, veremos quién es el Espíritu Santo y qué hace en la vida de los creyentes, así como las imágenes bíblicas en torno al Espíritu que nos ayudan a entenderlo mejor.

LA PROMESA DEL ESPÍRITU SANTO

Antes de su muerte, resurrección y regreso al cielo, Jesús prometió a sus discípulos que les enviaría «otro Abogado Defensor, quien estará con ustedes para siempre. Me refiero al Espíritu Santo, quien guía a toda la verdad». Después añadió: «El mundo no puede recibirlo porque no lo busca ni lo reconoce; pero ustedes sí lo conocen, porque ahora él vive con ustedes y después estará en ustedes» (Juan 14:16-17).

Hay tres afirmaciones que valen la pena observar en la promesa de Jesús:

1. «Otro Abogado Defensor» significa otro de la misma clase. En otras palabras, mientras hablaba de su propia partida, Jesús prometió a sus seguidores que le pediría al Padre que les enviara un ayudante que fuera como él.

2. Jesús se refirió constantemente al Espíritu como «él» y no como «eso». Esta referencia significa que el Espíritu es una persona, no un poder vago o una fuerza impersonal.

3. Jesús les aseguró a sus discípulos que este Espíritu de verdad, divino y personal, nunca los abandonaría. El Espíritu Santo es el compañero y abogado defensor constante del cristiano. Él es Dios que vive en quienes creen y siguen a Jesús.

Después de que Jesús ascendió, sus discípulos se reunieron en Jerusalén para orar y celebrar el festival judío de Pentecostés. El ruido de un viento fuerte llenó la casa en la que se encontraban. La representación de lenguas de fuego tocó a cada discípulo. Por el poder del Espíritu Santo, los discípulos hablaron en diferentes idiomas («en otras lenguas»). La multitud que se había reunido en la ciudad para Pentecostés presenció ese poder. Aunque algunas de esas personas quedaron completamente asombradas, otras se burlaron de los discípulos. Aun así, tres mil personas creyeron y fueron bautizadas. Ese incidente fue el primero de muchos acontecimientos milagrosos que demostraron que las promesas de Jesús acerca del Espíritu Santo eran ciertas.

LA PERSONA DEL ESPÍRITU SANTO

Algunas personas piensan que el Espíritu Santo es impersonal, algo así como una fuerza: la energía o el poder de Dios. Es probable que eso se deba a que las Escrituras confirman la naturaleza poderosa del Espíritu (Lucas 4:14) y lo llaman el poder del Altísimo y el Espíritu de poder (Isaías 11:2; Lucas 1:35). A diferencia de una fuerza impersonal, sin embargo, el Espíritu Santo es una persona. Se le puede mentir (Hechos 5:3-4). Se le puede entristecer (Efesios 4:30). Tiene un nombre (Mateo 28:19).

Otros ven al Espíritu casi como un sentimiento, el profundo afecto que a menudo se experimenta entre el pueblo de Dios. Es posible que eso se deba a que las Escrituras lo llaman el Espíritu de gracia, misericordia y consuelo (Romanos 8:26; Zacarías 12:10; Hechos 2:38). Sin embargo, también se le llama el Espíritu de verdad y justicia, lo que indica que es más que un simple sentimiento cálido y difuso que tenemos cuando oramos y adoramos juntos (Juan 16:7-13).

Otros consideran al Espíritu Santo como la mente, el intelecto detrás de la creación. Él sin duda es el Espíritu de sabiduría y entendimiento (1 Corintios 2:11; Isaías 11:2), pero es más que una computadora cósmica que mantiene los planes y propósitos de Dios en curso.

LA TRINIDAD

Para entender quién es el Espíritu Santo, tenemos que entender quién es Dios. Eso significa que tenemos que examinar lo que Dios revela en su Palabra acerca de su naturaleza trina. Podemos extraer las siguientes verdades de la Biblia.

VERDAD	SIGNIFICADO	PASAJE BÍBLICO
Dios es espíritu.	Su naturaleza esencial es inmaterial, es decir, no física.	«Dios es Espíritu, por eso todos los que lo adoran deben hacerlo en espíritu y en verdad» (Juan 4:24).
Dios es uno.	No hay dioses múltiples, y la naturaleza o esencia de Dios es la unidad perfecta (Isaías 44:6-8; 45:5).	«¡Escucha, Israel! El Señor es nuestro Dios, solamente el Señor» (Deuteronomio 6:4).
Dios es trino por naturaleza.	La Biblia revela a Dios como una trinidad de personas divinas que existen en perfecta unidad. Es uno, aun así, tres. Eso es lo que la gente quiere decir cuando habla de la Trinidad.	«Que la gracia del Señor Jesucristo, el amor de Dios y la comunión del Espíritu Santo sean con todos ustedes» (2 Corintios 13:14; ver también Mateo 3:16-17; 28:19-19; Efesios 4:4-6).

Por lo tanto, el único Dios existe como tres personas distintas: Dios el Padre, Dios el Hijo y Dios el Espíritu Santo. Cada una de las personas de la Trinidad es completamente Dios, por lo que no debe confundirse con las otras personas de la Trinidad.

El Padre es Dios

- «Pero para nosotros: Hay un Dios, el Padre, por quien todas las cosas fueron creadas y para quien vivimos» (1 Corintios 8:6).
- «Un solo Dios y Padre de todos, quien está sobre todos, en todos y vive por medio de todos» (Efesios 4:6).

El Hijo es Dios

- «En el principio la Palabra [el Hijo] ya existía. La Palabra estaba con Dios, y la Palabra era Dios» (Juan 1:1).
- «Pero al Hijo le dice: "Tu trono, oh Dios, permanece por siempre y para siempre. Tú gobiernas con un cetro de justicia"» (Hebreos 1:8).
- Ver también Juan 10:30-33; 20:28; Filipenses 2:9-11.

El Espíritu Santo es Dios

- «Pues el Señor es el Espíritu, y donde está el Espíritu del Señor, allí hay libertad» (2 Corintios 3:17).
- «Entonces Pedro le dijo: "Ananías, ¿por qué has permitido que Satanás llenara tu corazón? Le mentiste al Espíritu Santo y te quedaste con una parte del dinero [...] ¡No nos mentiste a nosotros sino a Dios!"» (Hechos 5:3-4).

Con ese rápido vistazo, podemos responder a la pregunta: *¿Quién es el Espíritu Santo?*

El Espíritu Santo es Dios. El Espíritu Santo es la tercera persona de la Trinidad. «Por lo tanto, vayan y hagan discípulos de todas las naciones, bautizándolos en el nombre del Padre y del Hijo y del Espíritu Santo» (Mateo 28:19).

Este diagrama, a menudo llamado «El escudo de la Trinidad», ilustra cómo cada una de las tres personas de la Trinidad es Dios, pero cada una no es idéntica a las demás.

ACTIVIDADES DEL ESPÍRITU SANTO

En el pasado, el Espíritu Santo:

- Creó el mundo (Génesis 1:2; Salmo 104:30).
- Inspiró y supervisó a los autores humanos de las Escrituras (2 Pedro 1:21).
- Concibió a Jesús (Lucas 1:35).
- Resucitó a Cristo (Romanos 8:11; 1 Pedro 3:18).

En el presente, el Espíritu Santo actúa en la iglesia de las siguientes maneras:

Mora

Cuando colocamos nuestra confianza en Cristo, ¡el Espíritu Santo del Dios vivo llega a morar en nuestras vidas!

> El Espíritu de Dios, quien levantó a Jesús de los muertos, vive en ustedes; y así como Dios levantó a Cristo Jesús de los muertos, él dará vida a sus cuerpos mortales mediante el mismo Espíritu, quien vive en ustedes.
>
> ROMANOS 8:11

> ¿No se dan cuenta de que su cuerpo es el templo del Espíritu Santo, quien vive en ustedes y les fue dado por Dios?
>
> 1 CORINTIOS 6:19

Regenera

Sin ese renacimiento espiritual, no podemos llegar a estar vivos para Dios (Efesios 2:1-5).

> El ser humano solo puede reproducir la vida humana, pero la vida espiritual nace del Espíritu Santo.
>
> JUAN 3:6

Convence

El Espíritu Santo convence a las personas de su necesidad de arrepentirse del pecado y de buscar la justicia en Cristo.

> Cuando [el Espíritu Santo] venga, convencerá al mundo de pecado y de la justicia de Dios y del juicio que viene.
>
> JUAN 16:8

Sella

Como un sello de autenticidad, el Espíritu Santo nos marca como propiedad de Dios.

> Y ahora ustedes, los gentiles, también han oído la verdad, la Buena Noticia de que Dios los salva. Además, cuando creyeron en Cristo, Dios los identificó como suyos al darles el Espíritu Santo, el cual había prometido tiempo atrás.
>
> EFESIOS 1:13

Guía

Cuando la vida es sombría y el camino es vago, el Espíritu Santo es nuestro líder.

> Cuando venga el Espíritu de verdad, él los guiará a toda la verdad. Él no hablará por su propia cuenta, sino que les dirá lo que ha oído y les contará lo que sucederá en el futuro.
>
> JUAN 16:13

Aboga

El Espíritu Santo es el consejero y defensor de los seguidores de Jesús las veinticuatro horas del día, los siete días de la semana.

> Yo le pediré al Padre, y él les dará otro Abogado Defensor, quien estará con ustedes para siempre.
>
> JUAN 14:16

Enseña

El Espíritu Santo nos muestra lo que está bien, lo que está mal y cómo vivir.

> Sin embargo, cuando el Padre envíe al Abogado Defensor como mi representante —es decir, al Espíritu Santo—, él les enseñará todo y les recordará cada cosa que les he dicho.
>
> JUAN 14:26

Intercede

Puesto que conoce la voluntad de Dios y los deseos de nuestros corazones, el Espíritu Santo le habla a Dios por nosotros.

> Además, el Espíritu Santo nos ayuda en nuestra debilidad. Por ejemplo, nosotros no sabemos qué quiere Dios que le pidamos en oración, pero el Espíritu Santo ora por nosotros con gemidos que no pueden expresarse con palabras.
>
> ROMANOS 8:26

Da seguridad

De formas grandes y pequeñas, el Espíritu Santo confirma que le pertenecemos a Dios y que él actúa en nosotros.

> Pues su Espíritu se une a nuestro espíritu para confirmar que somos hijos de Dios.
>
> ROMANOS 8:16

Empodera

No se nos llama a vivir para Dios con nuestras propias fuerzas limitadas. El Espíritu Santo es nuestra fuente de poder infinito.

> Pero recibirán poder cuando el Espíritu Santo descienda sobre ustedes; y serán mis testigos, y le hablarán a la gente acerca de mí en todas partes: en Jerusalén, por toda Judea, en Samaria y hasta los lugares más lejanos de la tierra.
>
> HECHOS 1:8

Actividades del Espíritu Santo en el libro de los Hechos

ACTIVIDAD	LIBRO DE LOS HECHOS
Ayudó en el ministerio de Jesús.	«Todo lo que Jesús comenzó a hacer y a enseñar hasta el día que fue llevado al cielo, después de haberles dado a sus apóstoles escogidos instrucciones adicionales por medio del Espíritu Santo» (Hechos 1:1-2; también 10:38).
Habló por medio de los escritores bíblicos.	«Las Escrituras tenían que cumplirse con respecto a Judas, quien guio a los que arrestaron a Jesús. Esto lo predijo hace mucho tiempo el Espíritu Santo cuando habló por medio del rey David» (Hechos 1:16; también 4:25; 28:25).
Hizo posible que los discípulos hablaran en otros idiomas.	«Y todos los presentes fueron llenos del Espíritu Santo y comenzaron a hablar en otros idiomas, conforme el Espíritu Santo les daba esa capacidad» (Hechos 2:4; también 19:6).
Llenó y empoderó a los creyentes para que hablaran la palabra de Dios.	«Todos fueron llenos del Espíritu Santo. Y predicaban con valentía la palabra de Dios» (Hechos 4:31; también 4:8).
Dio sabiduría.	«Ninguno de ellos podía hacerle frente a la sabiduría y al Espíritu con que hablaba Esteban» (Hechos 6:10).
Reveló la gloria de Dios y de Jesús.	«Esteban, lleno del Espíritu Santo, fijó la mirada en el cielo, y vio la gloria de Dios y vio a Jesús de pie en el lugar de honor, a la derecha de Dios» (Hechos 7:55).
Los creyentes en Jesús lo recibieron.	«Pedro y Juan impusieron sus manos sobre esos creyentes, y recibieron el Espíritu Santo» (Hechos 8:17).

ACTIVIDAD	LIBRO DE LOS HECHOS
Dirigió la evangelización.	«El Espíritu Santo le dijo a Felipe: "Acércate y camina junto al carruaje"» (Hechos 8:29; también 16:6-10).
Animó a la iglesia.	«La iglesia, entonces, [...] se fortalecía y los creyentes vivían en el temor del Señor. [...] Y, con la ayuda del Espíritu Santo, también creció en número» (Hechos 9:31).
Habló a los creyentes.	«Entre tanto, mientras Pedro trataba de descifrar la visión, el Espíritu Santo le dijo: "Tres hombres han venido a buscarte"» (Hechos 10:19; también 13:2).
Se experimentó como un bautismo.	«Juan bautizó con agua, pero ustedes serán bautizados con el Espíritu Santo» (Hechos 11:16; también 1:5).
Dio profecía.	«Ágabo [...] se puso de pie en una de las reuniones y predijo por medio del Espíritu que iba a haber una gran hambre en todo el mundo romano» (Hechos 11:28; también 19:6).
Guio las decisiones de la iglesia.	«Pues nos pareció bien al Espíritu Santo y a nosotros no imponer sobre ustedes una carga mayor que estos pocos requisitos» (Hechos 15:28).
Impulsó a los creyentes a actuar.	«Ahora [yo, Pablo,] estoy obligado por el Espíritu a ir a Jerusalén. No sé lo que me espera allí» (Hechos 20:22).
Advirtió a los creyentes.	«Solo que el Espíritu Santo me dice en ciudad tras ciudad que me esperan cárcel y sufrimiento» (Hechos 20:23).
Designó a los líderes de la iglesia.	«Cuídense a sí mismos y cuiden al pueblo de Dios [...] sobre quien el Espíritu Santo los ha designado líderes» (Hechos 20:28).

EL ESPÍRITU SANTO Y LA ORACIÓN

El Espíritu de Dios es el Espíritu de oración. Solo podemos acercarnos a Dios por medio de Cristo con la ayuda del Espíritu. Jesús es el único acceso a Dios con el que la humanidad cuenta. Desde su ascensión, Cristo no ha estado físicamente presente en la tierra; la única manera de presentar nuestras peticiones y adoración delante de él y, por lo tanto, delante de Dios es por medio del Espíritu Santo.

Una de las tareas cruciales del Espíritu es inspirar y guiar nuestras oraciones. Cuando nuestras debilidades nos impiden relacionarnos con Dios de una manera correcta, el Espíritu intercede por nosotros. Es decir, defiende nuestro caso ante Dios, así que podemos estar seguros de que el Espíritu ora junto a nosotros y hace que nuestras oraciones sean como deben ser.

> Además, el Espíritu Santo nos ayuda en nuestra debilidad. Por ejemplo, nosotros no sabemos qué quiere Dios que le pidamos en oración, pero el Espíritu Santo ora por nosotros con gemidos que no pueden expresarse con palabras. Y el Padre, quien conoce cada corazón, sabe lo que el Espíritu dice, porque el Espíritu intercede por nosotros, los creyentes, en armonía con la voluntad de Dios.
>
> ROMANOS 8:26-27

Si entendemos que la oración es comunicación con Dios, entonces, podremos verla más plenamente como un diálogo, no tanto como un monólogo de nuestra parte. La oración es una conversación bidireccional. La otra mitad de nuestra adoración ante Dios es la guía de Dios y la claridad de su voluntad para con nosotros. Así como solo podemos llegar a Dios en el Espíritu por medio de la verdad de Cristo, la guía y la enseñanza de Dios nos llegan solo por medio de Cristo mediante el Espíritu (Juan 4:24; 14:26; 15:26; 16:12-14).

LOS SÍMBOLOS DEL ESPÍRITU SANTO

Por definición, todo lo que es espiritual no es físico, es inmaterial, invisible. Obviamente, eso incluye al Espíritu Santo. Aunque no podemos ver al Espíritu de Dios con nuestros ojos físicos, podemos ver los efectos del Espíritu. Es por eso que la Biblia usa varios símbolos, a menudo objetos terrenales comunes, para describir quién es el Espíritu y qué hace.

Viento

En Juan 3:8, Jesús usa un juego de palabras para explicarle a Nicodemo, un líder religioso judío, que el Espíritu de Dios es como el viento. La palabra griega *pneuma*, que se traduce como «Espíritu», también se puede traducir como «viento» o «aliento». Lo que el Señor quería decir es que, en tanto que no podemos ver físicamente el viento, podemos sentir una brisa fresca o ver cómo una bandera ondea libremente. Así como el viento es impredecible —de repente se levanta, se arremolina o cambia de dirección—, el Espíritu actúa de maneras que no podemos predecir. Algunos días son tranquilos, no podemos sentir ni siquiera el indicio de una «brisa espiritual». Otros días, el Espíritu se mueve con un poder repentino y asombroso, casi como viento cortante. Otras veces, como un viento de cola, favorable para un marinero, el Espíritu nos lleva a destinos maravillosos.

> Cuando venga el Espíritu de verdad, él los guiará a toda la verdad. Él no hablará por su propia cuenta, sino que les dirá lo que ha oído y les contará lo que sucederá en el futuro. Me glorificará porque les contará todo lo que reciba de mí.
>
> Juan 16:13-14

Cuando el Espíritu Santo descendió sobre los creyentes de Jerusalén, hizo notar su presencia con un sonido que parecía una poderosa tormenta de viento: «El día de Pentecostés, todos los creyentes estaban reunidos en un mismo lugar. De repente, se oyó un ruido desde el cielo parecido al estruendo de un viento fuerte e impetuoso que llenó la casa donde estaban sentados» (Hechos 2:1-2).

Agua

Uno de los símbolos bíblicos del Espíritu Santo más importantes es el agua. En los tiempos bíblicos, al final del Festival de los Tabernáculos en Jerusalén, el sumo sacerdote de Israel derramaba (cerca del altar) un cántaro de agua extraído del estanque de Siloé. Esa era una ocasión tan alegre, con cantos, celebración y una anticipación esperanzada del futuro reinado del Mesías, ¡que los rabinos de Israel declaraban que las personas que nunca habían presenciado ese ritual no conocían el verdadero significado de la alegría!

Durante su ministerio terrenal, Jesús aprovechó esa antigua tradición para declarar su habilidad única de saciar la sed más profunda del corazón humano (Juan 7:37-38). Él prometió dar el Espíritu Santo a quienes confiaran en él. Luego dijo que el Espíritu, quien moraría dentro de ellos, sería como «ríos de agua viva» que fluyen desde el interior de los creyentes. Tal vez, al retomar esa idea, el apóstol Pablo describió la alegría, la paz y la esperanza como cualidades que se desbordarían de la vida del cristiano guiado por el Espíritu (Romanos 15:13; Gálatas 5:22-23). En Hechos, el descenso del Espíritu sobre los creyentes se describe como un bautismo (Hechos 1:5).

Fuentes, arroyos, pozos, todas estas imágenes acuosas se utilizan para demostrar la acción del Espíritu. El agua limpia y refresca. Da vida y, cuando se aprovecha correctamente, proporciona un gran poder.

Vestido

Después de su crucifixión y resurrección, Jesús se les apareció varias veces a sus seguidores más devotos. En una de esas ocasiones, les dijo a sus discípulos que llevaran la Buena Noticia del perdón «a todas las naciones». No obstante, primero dijo: «Quédense aquí en la ciudad hasta que el Espíritu Santo venga y los llene con poder del cielo» (Lucas 24:49). «Poder del cielo» es una referencia clara al Espíritu Santo (Juan 16:7-15; Hechos 1:8). Según Jesús, el Espíritu es algo así como el vestido. Sin vestido, estamos desnudos y somos vulnerables. Cuando tratamos de vivir sin el poder del Espíritu, estamos espiritualmente desnudos y somos vulnerables.

Aceite

En el Antiguo Testamento, a los profetas, sacerdotes y reyes recién elegidos los ungían habitualmente con aceite (Éxodo 40:11-15; Levítico 8:30; 1 Samuel 10:1-10; 16:13). Esa ceremonia transmitía una verdad importante a todos los que observaban: la persona sobre la que se derramaba el aceite se apartaba para el uso santo de Dios. Los funcionarios ungidos debían vivir como siervos del único Dios verdadero. Debían confiar en el Espíritu de Dios, no en su propio poder (Zacarías 4:1-14).

El Nuevo Testamento usa esta misma imagen de la unción para hablar de los cristianos (comparar Hechos 10:38 con Hechos 1:8; 2 Corintios 1:21; 1 Juan 2:20). El Espíritu Santo es quien nos unge y nos aparta para el servicio de Dios:

> Cierto día, mientras estos hombres adoraban al Señor y ayunaban, el Espíritu Santo dijo: «Designen a Bernabé y a Saulo para el trabajo especial al cual los he llamado».
>
> HECHOS 13:2

Sello

En 2 Corintios 1:22, Pablo usa una frase rica y descriptiva para ayudarnos a entender la persona y la obra del Espíritu. Él llama a la tercera persona de la Trinidad el «sello» de Dios sobre los creyentes (ver también Efesios 1:13; 4:30).

¿Qué significa que Dios sella a los cristianos con su Espíritu? En la antigüedad, los sellos se usaban para mostrar la pertenencia de un artículo. Los sellos también servían como medio de seguridad y protección. ¿Recuerda cómo Pilato les dijo a sus guardias que aseguraran la sepultura de Jesús y «sellaron la tumba» (Mateo 27:64-66)? Cuando hablamos del Espíritu como un sello, queremos decir que Dios es dueño de los cristianos, por lo que los creyentes están eternamente seguros y protegidos.

Anticipo

Al decir que Dios puso «al Espíritu Santo en nuestro corazón como un anticipo» (2 Corintios 1:22), el apóstol Pablo usó un término comercial. La palabra griega *arrabón* significa «pago inicial, prenda o primera cuota». La presencia del Espíritu en nuestras vidas es una garantía de que Dios terminará la obra que ha comenzado en nosotros. «Y estoy seguro de que Dios, quien comenzó la buena obra en ustedes, la continuará hasta que quede completamente terminada el día que Cristo Jesús vuelva» (Filipenses 1:6).

Paloma

Después de que Jesús fue bautizado, los testigos vieron al Espíritu de Dios descender sobre él desde el cielo «como una paloma» (Mateo 3:16; Marcos 1:10; Lucas 3:22; Juan 1:32). Eso no significa necesariamente que el Espíritu se convirtiera en una paloma real, solo que se parecía a una. ¿Cuál es el simbolismo aquí? ¿En qué se parece el Espíritu de Dios a una paloma?

Las palomas son el símbolo universal de la paz. Es lógico que Jesús, el «Príncipe de Paz» (Isaías 9:6) que vino a ayudar a los pecadores a experimentar la «paz con Dios» (Romanos 5:1), fuera coronado, por así decirlo, con paz al comienzo de su ministerio público.

Como dijo Jesús en Mateo 10:16, las palomas también son un símbolo de inocencia. ¡Cuán apropiado es que se compare al Espíritu, quien es santo, con una criatura considerada inocente y pura!

Fuego

En los tiempos del Antiguo Testamento, era frecuente que la presencia de Dios se simbolizara con fuego. Dios le habló a Moisés desde una zarza ardiente (Éxodo 3:2). Los israelitas sabían que Dios estaba entre ellos debido al fuego ardiente sobre el tabernáculo, su centro de adoración (Éxodo 40:38). «Una columna de fuego» los guio a través del desierto durante la noche (Números 14:14). En ocasiones, fuego del cielo consumió los sacrificios aceptables a Dios (Levítico 9:24; 1 Reyes 18:38).

En el Nuevo Testamento, cuando el Espíritu Santo se derramó sobre quienes habían puesto su fe en Jesús, los testigos vieron «lenguas de fuego» que llegaron y «se posaron sobre cada uno de ellos» (Hechos 2:3). ¡Eso demostró que Dios ahora residía en los corazones de los creyentes! El fuego también puede ser un símbolo de juicio, de igual manera, el Espíritu vino a convencer al mundo de pecado, justicia y juicio (Juan 16:8-11). El fuego, como en una ofrenda o sacrificio, purifica, así que el Espíritu Santo vino a santificarnos: «Les transmito la Buena Noticia para presentarlos como una ofrenda aceptable a Dios, hecha santa por el Espíritu Santo» (Romanos 15:16; ver también 1 Pedro 1:2).

BAUTISMO DEL ESPÍRITU SANTO

Antes de su ascensión al cielo, Cristo les dijo a sus seguidores: «En unos cuantos días ustedes serán bautizados con el Espíritu Santo» (Hechos 1:5). Los grupos cristianos definen el bautismo del Espíritu Santo de diferentes maneras.

Para algunos cristianos, la idea está íntimamente relacionada con el bautismo en agua y la **incorporación** en la familia de Dios. Parece que el propio bautismo de Jesús establece el patrón, donde tanto el agua como el Espíritu son evidentes (Mateo 3:11-17). Pablo conecta la idea del bautismo con la incorporación del cristiano en la iglesia (1 Corintios 12:13).

Para otros, el bautismo del Espíritu Santo se considera como algo muy diferente del bautismo en agua. Para ellos, el énfasis está en una **inyección** de poder para el ministerio. El libro de los Hechos relata muchos casos en los que esa inyección tuvo lugar aparte del bautismo en agua (Hechos 2:4; 4:8).

Otros consideran que la obra del Espíritu se centra en la **identificación** con Cristo. Pablo entiende que el bautismo y la obra del Espíritu nos conectan y conforman a la vida de Cristo al ser bautizados o identificados con su muerte (Romanos 6:3-4).

De hecho, todas estas, la incorporación, la inyección y la identificación, están involucradas en la obra del Espíritu Santo, aunque no todas estén a la vista al mismo tiempo.

- Se nos incorpora en la vida y el cuerpo de Cristo con el acto regenerador del Espíritu.
- Se nos inyecta el poder de Dios para el ministerio cuando el Espíritu nos llena de sí mismo.
- Nos identificamos con Cristo en su vida, muerte y resurrección cuando el Espíritu Santo nos transforma a la imagen de Cristo.

Se puede afirmar que todas esas acciones son parte del bautismo del Espíritu Santo, porque diferentes pasajes de la Biblia referentes al bautismo nos dirigen a cada una de ellas. Hay un sentido, sin embargo, en el que esas diversas acciones son una sola obra del mismo Espíritu, aunque podamos experimentar cada una en diferentes momentos de nuestras vidas. Si nos alejamos de los desacuerdos cristianos actuales en cuanto a lo que significa el bautismo del Espíritu Santo para obtener una imagen más amplia de esa obra singular y eterna del Espíritu, podemos llegar a ver que involucra toda la obra del Espíritu en, por medio de y por la humanidad.

EL TEMPLO DEL ESPÍRITU SANTO

En los tiempos del Antiguo Testamento, el templo (y el tabernáculo antes de él) era el lugar donde residía la presencia especial de Dios. Era el santuario santo donde el pueblo de Dios se reunía con su santo Dios.

En el Nuevo Testamento, todos los creyentes juntos, la iglesia, eran llamados el templo de Dios. Como dice el apóstol Pablo: «¿No se dan cuenta de que todos ustedes juntos son el templo de Dios y que el Espíritu de Dios vive en ustedes?» (1 Corintios 3:16). No solo los creyentes juntos son el templo, sino que nuestros cuerpos individuales también son llamados templos: «¿No se dan cuenta de que su cuerpo es el templo del Espíritu Santo, quien vive en ustedes y les fue dado por Dios?» (1 Corintios 6:19).

El Espíritu de Dios, quien habitó en el templo en la antigüedad, ahora mora en los creyentes en Jesús. Conocer esa verdad debería animarnos a «[honrar] a Dios con [nuestro] cuerpo» (1 Corintios 6:20). Nuestros cuerpos, tanto individualmente como juntos como el cuerpo de Cristo, la iglesia, no deben usarse para la pecaminosidad y la inmoralidad, sino para honrar a Dios al ser receptivos a la obra del Espíritu, cuya presencia nos hace santos. Cuando Pablo (Saulo) fue lleno del Espíritu Santo, transformó todo su ser, de ser un celoso perseguidor de la iglesia llegó a ser su misionero cristiano más famoso: «Puso sus manos sobre él y dijo: "Hermano Saulo, el Señor Jesús, quien se te apareció en el camino, me ha enviado para que recobres la vista y seas lleno del Espíritu Santo"» (Hechos 9:17).

DONES DEL ESPÍRITU

Todas las actividades del Espíritu Santo, desde interceder y abogar hasta guiar y empoderar, apuntan a su papel principal: glorificar a Cristo (Juan 16:14). Del mismo modo, el objetivo de nuestros propios ministerios debe ser glorificar a Cristo. ¿Cómo lo logramos? Al servir al cuerpo de Cristo y al ayudarlo a crecer (madurar) y a desarrollarse (expandirse). Ahora bien, ¿cómo lo hacemos de la manera más efectiva? Por medio de la obra del Espíritu Santo, en especial su obra de capacitar y equipar a cada uno de nosotros con habilidades especiales para servir.

Los ministerios son actividades que los creyentes realizan, los cuales sirven a la iglesia y le permiten crecer. Por medio del Espíritu, Dios da dones, en el sentido de regalos, a cada creyente. Esos dones son llamados dones espirituales porque el Espíritu los da: «Es el mismo y único Espíritu quien distribuye todos esos dones. Solo él decide qué don cada uno debe tener» (1 Corintios 12:11). Con esas herramientas, servimos a Dios y ministramos a los demás.

Cuando Pablo explicó lo que es la iglesia y cómo funciona, usó la imagen de un cuerpo. Su enseñanza de 1 Corintios 12 y Romanos 12 habla de la unidad orgánica del cuerpo de Cristo, la iglesia. El Espíritu Santo da dones con funciones espirituales específicas para el beneficio de toda la iglesia. Los dones se complementan entre sí y funcionan juntos para el bien común, al igual que las partes del cuerpo están diseñadas para hacerlo.

> Así como nuestro cuerpo tiene muchas partes y cada parte tiene una función específica, el cuerpo de Cristo también. Nosotros somos las diversas partes de un solo cuerpo y nos pertenecemos unos a otros. Dios, en su gracia, nos ha dado dones diferentes para hacer bien determinadas cosas.
>
> ROMANOS 12:4-6

El Espíritu es un regalo de Dios para nosotros como individuos y como cuerpo (Hechos 2:38; 10:45). Los individuos que han llegado a esa vida, la vida de Cristo, automáticamente son parte de un todo más grande. Esos dones funcionan como partes de un todo. Los dones, la recepción del Espíritu y la membresía en el cuerpo de Cristo están todos conectados en la vida del creyente y para el bien de toda la iglesia.

¿Qué son los dones?

La palabra don en español tiene dos significados:

1. Algo que se da de forma gratuita y sin cargo, como un regalo por un cumpleaños.
2. Una habilidad o talento especial, como tocar el piano o aprender idiomas.

Ambos significados nos ayudan a entender los dones espirituales:

1. Los dones espirituales son inmerecidos y no son fruto del trabajo. Son los regalos generosos de Dios para nosotros.
2. Los dones espirituales involucran talentos y habilidades especiales, en particular para ministerios como sanidades, milagros o hablar en otros idiomas.

El énfasis del Nuevo Testamento, sin embargo, no está en las habilidades en sí mismas, sino en cómo funcionan en los ministerios (servicios) de la iglesia. Al pensar en los dones espirituales, tenga en cuenta que lo que los hace espirituales es que provienen del Espíritu Santo, y lo que los hace dones es que el Espíritu Santo nos los da de manera gratuita. Los dones espirituales no tienen el propósito de ser almacenados o publicitados. Tienen el propósito de ser utilizados para el servicio de los demás.

Cuatro listas de dones espirituales

DON	ROMANOS 12:6-8	1 CORINTIOS 12:8-10	1 CORINTIOS 12:28-30	EFESIOS 4:11
Pastorear				✔
Enseñar	✔		✔	✔
Animar (Exhortación)	✔			
Profecía	✔	✔	✔	✔
Sanidades		✔	✔	
Liderazgo	✔		✔	
Mensaje de sabiduría		✔		
Mensaje de conocimiento		✔		
Milagros		✔	✔	
Servicio/Ayuda	✔		✔	
Actos de misericordia	✔			
Dar	✔			
Hablar o interpretar idiomas desconocidos		✔	✔	
Fe		✔		
Evangelización				✔
Discernimiento de espíritus		✔		
Apostolado			✔	✔

Pastorear, enseñar y animar

ROMANOS 12:7-8; 1 CORINTIOS 12:28-29; EFESIOS 4:11

Tradicionalmente, el ministerio de los pastores está estrechamente relacionado con el de la enseñanza. Además de cuidar a los miembros de cada iglesia, el otro papel crucial de los pastores es explicar las enseñanzas apostólicas a los creyentes. Dicho eso, muchas personas pueden prosperar como maestros sin tener que llegar a ser pastores. La enseñanza es un ministerio vital del cuerpo de Cristo. Más allá de dar información, la enseñanza les permite a las personas profundizar su relación con Dios y equipa a los creyentes para que estén conscientes de las falsas enseñanzas que puedan encontrar.

Estrechamente relacionado con otros dones, animar (o exhortar) significa que una persona se acerca a otra con palabras de consuelo, alivio y consejo para ayudarla a ser todo lo que Dios quiere que sea.

Ejemplos en Hechos

Priscila y Aquila enseñaron a Apolos, un nuevo creyente, el camino de Dios con mayor precisión (Hechos 18:26). En el discurso de despedida de Pablo a los ancianos de Éfeso, les recuerda que el Espíritu Santo es quien los hizo supervisores para pastorear el rebaño del Señor (Hechos 20:28).

Profecía

ROMANOS 12:6; 1 CORINTIOS 12:10, 28; EFESIOS 4:11

Los profetas jugaron un papel importante en la formación de la iglesia del primer siglo. Sus actividades incluían:

- Anunciar lo que sucederá (Hechos 11:28).
- Animar a los creyentes (Hechos 15:32).
- Dar a conocer los misterios de la salvación (Efesio 3:5-6).

Algunos cristianos creen que el «cargo» de profeta terminó con el fin de la era de los apóstoles. En 1 Tesalonicenses 5:20-22, se les dice a los creyentes que no desprecien la profecía, sino que «pongan a prueba todo» para ver si en realidad proviene de Dios. El apóstol Pablo les recuerda a los creyentes que incluso un don como la profecía es inútil sin amor (1 Corintios 13:2).

Ejemplos en Hechos

Había profetas en la iglesia de Antioquía (Hechos 13:1). Judas y Silas eran profetas (Hechos 15:32), al igual que las cuatro hijas de Felipe (Hechos 21:8-9). Un profeta llamado Ágabo le profetizó a Pablo (Hechos 21:10-11).

Sanidades

1 CORINTIOS 12:9, 28, 30

Las sanidades, al igual que otros milagros, eran una demostración del poder de Dios que validaba la autoridad apostólica. Puede que el «cargo» específico de sanador (si es que alguna vez existió) haya terminado con la era apostólica, pero los cristianos siguen creyendo que Dios puede sanar y lo hace como respuesta a la oración.

Ejemplos en Hechos

Pedro y Juan sanaron a un mendigo que era cojo de nacimiento (Hechos 3:1-8). Incluso la sombra de Pedro que caía sobre la gente dio sanidad (Hechos 5:12-16). Felipe hizo milagros y expulsó demonios (Hechos 8:6-7). Pedro resucitó a Tabita de entre los muertos (Hechos 9:36-42). Pablo sanó a un hombre cojo, al padre de Publio y a otros (Hechos 14:8-10; 28:7-9).

Liderazgo y guía

ROMANOS 12:8, 1 CORINTIOS 12:28

Aunque tradicionalmente estos dones se han relacionado con el ministerio de los ancianos de la iglesia, el contexto de los pasajes sugiere que también están destinados para todos los creyentes. Esos ministerios son aplicables a muchas áreas de la vida de la iglesia:

- Metas para la iglesia
- Enseñanza

- Evangelización
- Actos de misericordia y servicio

Ejemplos en Hechos

Cuando los primeros cristianos tuvieron que tomar una decisión crucial en cuanto a cómo incluir a los gentiles en lo que había sido, en gran parte, una congregación judía, los líderes de la iglesia de Jerusalén confiaron en el Espíritu Santo para que los ayudara a decidir cómo guiar a la iglesia a través de ese complicado asunto (Hechos 15).

Mensaje de sabiduría y mensaje de conocimiento

1 CORINTIOS 12:8

Debemos entender estos dos dones en el contexto de toda la Carta a los Corintios. Al parecer, la iglesia de Corinto había batallado con estar demasiado impresionada y atraída por los dones más «llamativos» de idiomas desconocidos y profecía. Aunque Pablo no niega su importancia, deja claro que las idiomas desconocidos y la profecía son vacíos sin amor, sabiduría y conocimiento.

La sabiduría es el discernimiento y la comprensión de las acciones de Dios en el mundo y la forma en que el mundo funciona. Ese es un ministerio crítico que permite que todos los ministerios y dones de la iglesia funcionen en armonía y unidad. El conocimiento les permite a los creyentes entender y explicar la revelación de Dios a los demás.

Ejemplos en Hechos

Se describe como «llenos del Espíritu y de sabiduría» a los siete hombres que se eligieron para administrar la distribución de alimentos en Jerusalén (Hechos 6:3). Apolos «conocía bien las Escrituras» (Hechos 18:24).

Milagros

1 CORINTIOS 12:10, 28-29

Para el apóstol Pablo, los milagros existían para validar el mensaje de los apóstoles: «Cuando estuve con ustedes les di pruebas de que soy un apóstol. Pues con paciencia hice muchas señales, maravillas y milagros entre ustedes» (2 Corintios 12:12). Algunos cristianos creen que la necesidad de esos milagros para la validación terminó con el fallecimiento de los apóstoles, pero todos los cristianos afirman la posibilidad y la existencia de milagros de Dios hoy en día.

Ejemplos en Hechos

Felipe realizó muchas señales y prodigios que validaron su mensaje del evangelio (Hechos 8:6-7). Pablo cegó milagrosamente al hechicero Elimas (Hechos 13:6-11). Pablo y Bernabé realizaron señales y prodigios en sus viajes misioneros (Hechos 14:3).

Servicio/ayuda, actos de misericordia y dar

1 CORINTIOS 12:28; ROMANOS 12:7-8

Estos diferentes dones están relacionados tan de cerca que algunos tienden a asignarlos a las tareas de los diáconos de la iglesia. Sin embargo, el contexto general de estos pasajes sugiere que también son actividades para todos los creyentes. Estos dones son cruciales para la madurez de la iglesia. La práctica de estos dones puede variar, e incluye cosas como: ofrecer ayuda a las viudas, los huérfanos y los pobres; ayudar en las actividades diarias de la iglesia; así como discernir cuándo las personas individuales o grupos necesitan ayuda para llevar a cabo sus ministerios.

Ejemplos en Hechos

Los cristianos de Antioquía hicieron una recaudación especial para ayudar a los creyentes de Judea que se enfrentaban a una grave hambruna (Hechos 11:27-30). Después de que el Señor abrió el corazón de Lidia al evangelio, ella abrió su hogar a Pablo y a los otros misioneros itinerantes

(Hechos 16:13-15). Se identifica a Timoteo y Erasto como los «asistentes» de Pablo durante sus viajes misioneros (Hechos 19:22).

Hablar en idiomas desconocidos e interpretar idiomas desconocidos

1 CORINTIOS 12:10, 28, 30

El apóstol Pablo no desalentó a que se hablara en idiomas desconocidos. De hecho, instó a los líderes de la iglesia de Corinto a que lo permitieran (1 Corintios 14:39). Sin embargo, Pablo sí corrigió un error de la iglesia:

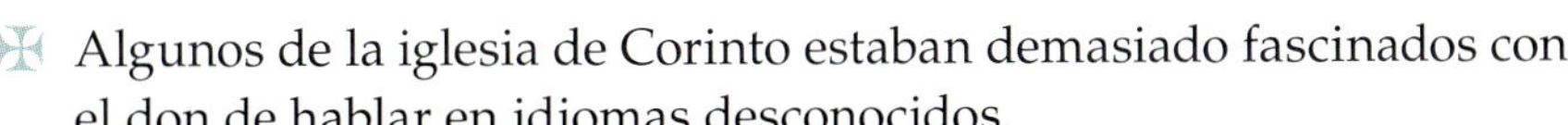

- Algunos de la iglesia de Corinto estaban demasiado fascinados con el don de hablar en idiomas desconocidos.
- Pablo les recordó que hablar en idiomas desconocidos sin amor es como «un metal ruidoso o un címbalo que resuena» (1 Corintios 13:1).
- La principal preocupación de Pablo es la edificación de la iglesia como un todo, como un cuerpo.

Hoy en día, los cristianos difieren en cuanto a si el ministerio de hablar en idiomas desconocidos se ha detenido o continúa. De cualquier manera, Pablo deja claro que la unidad del cuerpo de Cristo es mucho más importante que hablar, o no hablar, en idiomas desconocidos.

Ejemplos en Hechos

El ejemplo más famoso es en Pentecostés, cuando el Espíritu Santo descendió sobre los creyentes y nació la iglesia: «Y todos los presentes fueron llenos del Espíritu Santo y comenzaron a hablar en otros idiomas, conforme el Espíritu Santo les daba esa capacidad» (Hechos 2:4).

Fe

1 CORINTIOS 12:9

Este don espiritual de la fe no es ni la «fe salvadora» que todo creyente tiene (Efesios 2:8) ni la fe diaria necesaria para la vida cristiana. En cambio, es la fe que complementa los otros dones y les permite ser audaces y activos. Cuando los ministerios de la iglesia enfrentan dificultades que abruman a la mayoría de las personas, esa fe desafía, anima y les recuerda a las personas que servimos a un Dios poderoso que posee y controla todas las cosas.

Ejemplos en Hechos

Se describe a Esteban como «un hombre lleno de fe» (Hechos 6:5). Pablo animó a sus compañeros abatidos, varados en el mar, a mantener su valentía, porque tenía fe en que Dios los llevaría a todos a Roma y que ninguno moriría, tal como Dios había prometido (Hechos 27:22-25).

Evangelización

EFESIOS 4:11

La evangelización es compartir la Buena Noticia del evangelio. Es el privilegio y la responsabilidad de cada creyente. Algunas personas tienen una habilidad especial, dada por Dios, para presentar el mensaje de salvación de una manera clara, simple y atractiva. Quienes encajan en este ministerio pueden proporcionar liderazgo a todos los creyentes para que lleven a cabo la tarea de la evangelización.

Ejemplos en Hechos

Pedro tomó la iniciativa entre los apóstoles y predicó el evangelio a miles de judíos que se habían reunido en Jerusalén para el Festival de Pentecostés (Hechos 2:14-41). El evangelista Felipe le explicó la Buena Noticia de Jesús al funcionario etíope que leía el libro de Isaías (Hechos 8:34-35; 21:8).

Discernimiento de espíritus

1 CORINTIOS 12:10

En el contexto de la Carta a los Corintios, discernir (o distinguir) espíritus puede referirse a dos actividades.

La primera actividad es la capacidad de discernir cuándo una profecía en realidad proviene de Dios. (Los cristianos que creen que el don de profecía ha cesado, consideran que esta parte del discernimiento ya no es necesaria; ver 1 Corintios 13:8.)

La segunda actividad es la capacidad de discernir cuándo una enseñanza encaja con la voluntad de Dios y proviene de la dirección del Espíritu Santo. También incluye la capacidad de saber cuándo una nueva enseñanza contradice las enseñanzas básicas de la fe cristiana.

Ejemplos en Hechos

Los judíos de Berea examinaban las Escrituras a diario para ver si el mensaje de Pablo era verdadero (Hechos 17:11). Un hombre llamado Simón asombró a la gente de Samaria con su hechicería durante muchos años, con todo, no pudo engañar a Pedro y Juan cuando llegaron a Samaria y descubrieron sus trucos y penetraron dentro de su corazón (Hechos 8:9-24).

Apostolado

1 CORINTIOS 12:28-29; EFESIOS 4:11

Se encuentran referencias de más de un tipo de apóstol en el Nuevo Testamento:

- El primer tipo se refiere a aquellos a quienes Jesús llamó y apartó, quienes fueron testigos de su vida y ministerio. Ellos son los doce discípulos y también incluye a apóstoles como Pablo (1 Corintios 9:1; 15:5-9; Gálatas 2:8).

- El segundo tipo de apóstol incluye a aquellos que fueron especialmente designados como misioneros para difundir el evangelio (1 Tesalonicenses 2:7).

Ejemplos en Hechos

Los creyentes de Jerusalén designaron a Matías como apóstol para reemplazar a Judas Iscariote (Hechos 1:23-26). Bernabé fue apartado por el Espíritu Santo para la obra misionera y era identificado como un apóstol (Hechos 13:2-3; 14:14).

FOTOS E ILUSTRACIONES

Imágenes usadas bajo licencia de Shutterstock.com: John Ilich, portada; En verde, portada; S.Borisov, portada; LittlePerfectStock, portada; Perfect Lazybones, págs. 5, 65; haveseen, pág. 6; La lapidación de San Esteban, Iglesia Kostel Svateho Cyrila Metodeje por S. G. Rudh (1896), Renata Sedmakova, pág. 9; Nils Prause, pág. 13; Vladimir Sazonov, pág. 14; Wirestock Creators, pág. 15; Triff, págs. 27, 95; Grzegorz Zdziarski, pág. 28; otnaydur, pág. 30, portada; Pit Stock, pág. 31; Valery Rokhin, pág. 32; Libro de los Hechos, por Sergio Urquiza, pág. 34; film.plus, pág. 38; mhellal, pág. 43, 123; Phant, pág. 45; Mikhail Semenov, pág. 53; Vista de Ein Kerem cerca de Jerusalén por TaliV, pág. 54; etienneb07, pág. 60; Robert Hoetink, pág. 63; Sopotnicki, pág. 73; Izabela Miszczak, pág. 76; Milan Gonda, pág. 80; okanakdeniz, pág. 83; Fresco de la vida de Pablo: El arresto de Pablo, Basílica de San Pablo, Roma, Zvonimir Atletic, pág. 87; Richard A McMillin, pág. 91; Fabio Lamanna, pág. 93; Juan, Lucas y Marcos, por Josef Kastner en Iglesia de los Carmelitas, Viena, Renata Sedmakova, págs. 107, 109, 110; San Bernabé en Chipre Famagusta, Chipre, hmxphotography, pág. 100; Pavel K, pág. 116; Fr_Kosma, pág. 124; Dencoy18, pág. 133; Oscar C. Williams, pág. 135; iconspro, pág. 136; Gts, pág. 137; Toasted Pictures, pág. 140; Doidam 10, pág. 143; SusaZoom, imagen lateral.

Foto del camino romano por Bernard Gagnon/Wikimedia.org, pág. 79

Colinas de Samaria por Cyndi Parker, usado con permiso, pág. 56

Mapas en relieve por Michael Schmeling, www.aridocean.com

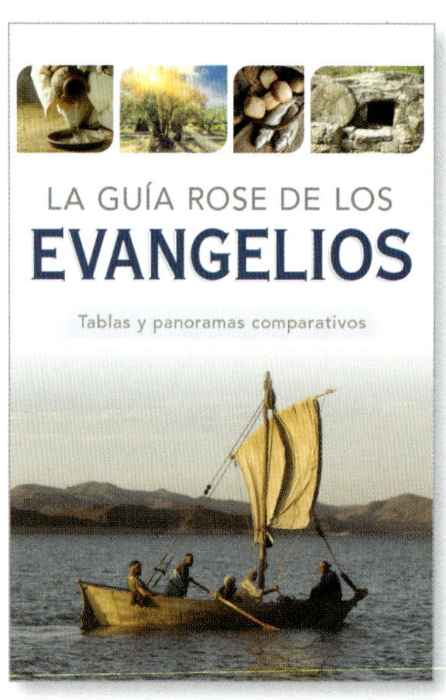

La guía Rose de los Evangelios

Incluye información clave acerca de la singularidad de cada Evangelio; una armonía de los Evangelios; quién es quién en los Evangelios; trasfondo del mundo de Jesús; evidencias de la resurrección y más.

ISBN 9781496483713

La guía Rose del libro de los Hechos

Incluye un panorama general del libro de los Hechos; cómo entender el mensaje y el transfondo de Hechos; la vida del apóstol Pablo; quién es quién en Hechos; línea de tiempo y mapas; el Espíritu Santo en las vidas de los cristianos; y más

ISBN 9781496483768